einfach fit

Li Wu Yan

Gesund und fit mit chinesischen Kräuterkissen

midena

Inhaltsverzeichnis

LONDON
TOKYO

Ein heilsames Kissen voller Kräuter – das verspricht nicht nur geruhsamen Schlaf oder Linderung der Kopfschmerzen: Vielfältige Aromastoffe wirken während der Ruhe auf dem Kissen auf Körper und Seele.

Heilung im Schlaf

Die Lebenserwartung verlängern

Die Inhaltsstoffe der verschiedenen Kräuterkissen öffnen im Sinne der Traditionellen Chinesischen Medizin die Fenster des Körpers, klären den Kopf, sorgen für Beruhigung, bringen Yin und Yang ins Gleichgewicht, beleben den Blutkreislauf, machen die Energieleitbahnen, die so genannten Meridiane, durchlässig und harmonisieren die Organe und ihr Zusammenspiel.

Die Traditionelle Chinesische Medizin führt die spezifische Wirkung von Heilkräutern auf deren spirituelle Substanz zurück, das »Wesen« des Krauts, und nicht wie in der westlichen Schulmedizin auf die mit Labormethoden nachweisbaren Inhaltsstoffe.

Ganz individuell - die Auswahl der Kräuter

Kräuterkissen sind leicht herzustellen und einfach anzuwenden. Nach der vom jeweiligen Rezept abhängigen Zubereitung werden die getrockneten Zutaten in Mull eingenäht und in ein Kopfkissen gegeben. Ganz nach eigenen Vorstellungen kann aber auch ein individuelles Kissen angefertigt werden. Wer seinen Kopf auf ein solches Kräuterkissen bettet, ermöglicht im wahrsten Sinne des Wortes Heilung im Schlaf, beugt verschiedenen Krankheiten vor und kann sogar die Lebenserwartung verlängern.

Gut zu wissen

Yin und Yang für die Harmonie im Körper

Yin und Yang, damit werden zwei gegensätzliche Energieformen bezeichnet, die beide zusammen eine Urenergie bilden. Zu finden sind sie im Universum wie auch im menschlichen Organismus, wo sie ein Gleichgewicht aufrechterhalten und auf diese Weise für Harmonie sorgen. Die durch den Körper des Menschen kreisende Energie wiederum bewahrt die Harmonie zwischen Yin und Yang.

Ist der Mensch krank, so befindet sich nach der chinesischen Medizin der Körper im Ungleichgewicht. Yin und Yang sind also nicht mehr in der Balance. Um diese wieder herzustellen, werden gezielt bestimmte Arzneimittel verabreicht. Damit wird nicht nur das Gleichgewicht wieder hergestellt, auch die Selbstheilungskraft des Körpers wird angeregt.

Die Tradition der Kräuterkissen

Tigerknochen, Rhinozeroshörner oder andere aus bedrohten Tierarten gewonnene Arzneimittel sind heutzutage natürlich tabu und auch in China nur aus dunklen Quellen erhältlich. Für wirksame Kräuterkissen stehen genug pflanzliche und mineralische Inhaltsstoffe zur Verfügung.

Heilen mit Kräuterkissen blickt in China auf eine lange Geschichte zurück. Das in der Jin-Dynastie (265–420 n. Chr.) von Ge Hong verfasste Werk Zhouhou beijifang (»Griffbereite Hausmittel«) enthält bereits ein Rezept, das empfiehlt, bei Schlaflosigkeit ein Kissen mit gedämpften Sojabohnen zu füllen und darauf zu schlafen. Im selben Werk werden Fallbeispiele von Patienten angeführt, die mit Kräuterkissen geheilt wurden. Dabei kamen unter anderem Tigerknochen, Rhinozeroshörner, Moschus und die Wurzel der Osterluzei zur Anwendung.

In der Tang- und Song-Zeit (7. bis 13. Jh.) nahm diese Heilmethode an Bedeutung zu und wurde weiterentwickelt. Sun Simao (581–682), auch »König der Ärzte« genannt, rät in seinem Beiji qianjin yaofang (»Hausmittel Gold wert«): »Hat der Patient einen steifen Nacken und kann den Kopf nicht drehen, so soll er ein Scheffel Sojabohnen dämpfen, bis sie die Farbe verändern. Dann soll er sie in ein Kopfkissen einnähen und darauf schlafen.«

Das Lob der Dichter

Auch bei Literaten der Song-Zeit fanden die Kräuterkissen Erwähnung. So beschrieb der große Dichter Su Dongpo (1037–1101) seine Schlafgewohnheiten folgendermaßen:
»Ich schlafe auf einem Rattanbett und einem Ziegelkissen.
Und möchte die Kühle nicht missen,
die durch das Nordfenster hereinkommt.«
Der Dichter Huang Tingjian (1045–1105) besingt in einem seiner Gedichte sogar ein Kräuterkissen:
»Das Kräuterkissen ersetzt mir den angewinkelten Arm unter meinem Kopf. Im süßen Traum rieche ich seinen Duft.«
In den nachfolgenden Dynastien wurde die »Heilung im Schlaf« noch vervollkommnet. Ma Zuchang, ein Dichter aus der Yuan-Zeit (1368 bis 1644), schreibt:
»Des Nachts leide ich am Heimweh.
Ein Säckchen mit Herbstfarben
erfüllt meine vier Wände mit seinem Duft.«

Friedlicher Schlaf auf duftendem Kissen

Zhu Zhifan aus der Ming-Zeit (1368–1644) hat schließlich ein Gedicht nach einem Kräuterkissen benannt. In »Kissen mit Cassia tora und Chrysanthemenblüten« singt er ein Loblied auf diese Schlafmethode. Alle anderen Kopfunterlagen waren ihm lästig, erst auf diesem medizinischen Kräuterkissen fand er friedvollen Schlaf. An konkreten Zutaten erwähnt er Austernschalen und gelbe Blüten, die so appetitlich aussehen, dass man sie am liebsten verspeisen möchte.

Zhu Zhifans schlaffördernde gelbe Blüten stammen von dem Schmetterlingsblütler Cassia, von dem es mehrere Sorten gibt, die bei uns alle wegen ihrer wundervollen leuchtenden Blütenpracht als Kübelpflanzen beliebt sind.

Heilen mit Kräuterkissen

Der berühmte Pharmakologe der Ming-Zeit, Li Shizhen (1518–1593), erwähnt in seinem Heilkräuter-Klassiker Bencao gangmu Kräuterkissen gefüllt mit Mungobohnen, schwarzen Sojabohnen, Evodia rutaecarpa, Cassia tora und Chrysanthemen.

Der qing-zeitliche Gesundheitsfachmann Cao Cishan widmete den Heilkissen in seinem Buch Laolao hengyan (»Die ewigen Worte eines Alten«) gar ein eigenes Kapitel. Darin zitiert er seinerseits zahlreiche Klassiker und stellt ein umfangreiches Kompendium mit Rezepten zusammen. Er erklärt die Zutaten sowie Herstellungs- und Wirkungsweise.

Unter seinen Rezepturen finden sich Kissen mit Teeblättern, Chrysanthemenblüten, Stängelmark des Reispapierbaums, Magnetit und Mungobohnen. Auch beschreibt Cao Cishan in seinem Werk die vielseitige Anwendbarkeit von Kräuterkissen.

Expertentipp

Heilkraft der Chrysantheme

- Nicht nur gezüchtete Chrysanthemen, sondern auch wilde finden in der chinesischen Medizin Verwendung.
- Mit den Blüten der Chrysantheme werden in der TCM vor allem Kopfschmerzen und Schwindelgefühle behandelt.
- Aus frischen wie getrockneten Chrysanthemenblüten kann auch ein Tee zubereitet werden – getrocknete Blüten sind u.a. in Apotheken erhältlich.

Geheim - die kaiserlichen Kopfkissen

Der Aufwand, der in der Hofhaltung der chinesischen Kaiser betrieben wurde, war lange Zeit legendär. Kein Wunder, dass dort auch die berufensten Heiler der Traditionellen Chinesischen Medizin wirkten.

Die Leibärzte der chinesischen Kaiser nutzten jede Gelegenheit, ihren Gebietern Gesundheit angedeihen zu lassen. Sie versorgten sie mit den edelsten, seltensten Tees, unterrichteten die Köche am Hof über die wichtigen Wirkungsweisen der Speisen, stellten die Menüs zusammen, bei denen es wahrlich nicht auf den Preis, sondern immer nur auf die gesunde, stärkende, lebensverlängernde Wirkung ankam – und sie mischten aus geheimen Zutaten Kopfkissenfüllungen an, auf denen sich die Kaiser zur Ruhe betteten. Über die Jahrtausende war den besten Ärzten Chinas (und nur die wurden an den Hof berufen) bekannt, welche Wirkung welche Zutaten haben, wie man quasi im Schlaf mit dem Einatmen von Kräuterdüften Krankheiten vorbeugen und entstandene Leiden lindern oder sogar heilen konnte.

Mixturen für Schönheit und Potenz

Kopfkisseneinlagen, die Schlankheits- und Schönheitskuren unterstützen, andere Mischungen, die nachlassende Potenz und Libido anregen, Kräuter und Früchte, die Gelassenheit erzeugen und Stress bekämpfen, und geheime Mixturen, die für einen tiefen, gesunden und erholsamen Schlaf sorgen – diese Rezepte wurden den Kaisern Nacht für Nacht «untergeschoben«.

Im Herzen Pekings liegt der alte Kaiserpalast aus dem 14. Jahrhundert. Schon zur damaligen Zeit wurden in China Kräuterkissen verwendet.

Minze und Zimt für Schönheit und Libido

Zum Schlank- und Schönwerden atmeten die Gebieter im Reich der Mitte beispielsweise Mischungen aus Magnolienrinde, Zitronenschale, Minze, Hiobskraut und Distelwurzelstock ein.

Für Potenz und Libido verabreichten die Leibärzte unter anderem Zimtrinde, Yamswurzel, Froschlöffel, «ziegengeiles Gras« (so heißt die wörtliche Übersetzung eines Krauts, das nur in Chinas Kräutergarten, der Provinz Yunnan, wächst und hier zu Lande völlig unbekannt ist), Kardenwurzel und Aron.

Ginseng für süßen Schlummer

Wenn die Kaiser über schlechten Schlaf klagten, bekamen sie unter anderem Dang Gui (eine bestimmte Engelswurz-Art), Roten Ginseng, saure Bergdattel, Spargel- und Braunwurz-Wurzel, Kreuzblume und Ling Zhi (Sporen eines Pilzes aus Yunnan, der teurer als Gold gehandelt wurde).

Alantblüten, Alaun, Gelbwurzel, grüne Zitronenschale, Hasenohrwurzel sowie weiße Senfsamen waren wichtige Zutaten, wenn die Kaiser im Schlaf sich vom Stress erholen sollten.

Roter Ginseng trägt in seinem chinesischen Namen das Wort für Unsterblichkeit und gilt als ein wahres Zaubermittel für ein gesundes und langes Leben.

Gut zu wissen

Kräuterkissen nach Kaiserrezepten

All diese Mischungen, die auch heute noch geheim gehalten und niemals in ihrer vollen Zusammensetzung preisgegeben werden, sind nicht selbst herzustellen. Die meisten der Zutaten sind außerhalb Chinas nicht erhältlich.

Dennoch haben Europäer jetzt die Möglichkeit, die Geheimnisse der chinesischen Kaiser am eigenen Körper auszuprobieren: Ein Schweizer Unternehmen hat einen Vertrag mit einem traditionellen, hoch renommierten chinesischen TCM-Hersteller in Kunming geschlossen, der sich zu Anfang des 20. Jahrhunderts die alten Rezepte vom Leibarzt des letzten Kaisers sichern konnte (siehe Serviceteil, Seite 60). Das chinesische Unternehmen ist der einzige Hersteller im Reich der Mitte, der über die Original Kaiserrezepte verfügt.

Bewährte Kissenfüllungen

Nicht zuletzt geht Wu Shangxian, ein Arzt, der am Ende der Qing-Zeit (1644–1911) lebte, in seiner medizinischen Abhandlung Liyue pianwen (»Über das Einlegen und Kochen von Lebensmitteln«) auf das Heilen mit Kräuterkissen ein. Als Füllungen nennt er unter anderem Pfirsichblätter, abgeworfene Zikadenhaut, gedämpftes Salz, Cassia tora, Katzenminze, schwarze Sojabohnen, die vor allem bei Erkrankungen des Kopfes, Rotlauf bei Kindern, steifem Nacken, Erkältungskopfschmerz und bei Alpträumen eingesetzt werden.

Stimulation von Energie- und Blutfluss

Ihm verdanken wir die Theorie »dass das Prinzip der äußerlichen Behandlung dem der innerlichen Behandlung entspricht. Äußerlich angewandte Medikamente wirken demnach genauso, wie die innerlich angewandten. Der Unterschied besteht lediglich in der Methode.« Und weiter heißt es: »Die äußerliche Behandlung hat das Ziel, den ungehinderte Fluss von Qi (Energie) und Blut (xue) zu gewährleisten. Das verstehen wir unter tonisieren.«

Heilkissen in der modernen Medizin

Die Behandlung nach der Traditionellen Chinesischen Medizin zielt bei jeder Art von Beschwerden vor allem darauf ab, die Harmonie des Organismus wiederherzustellen, die Balance von Yin und Yang auszugleichen.

Dank Wu Shangxians theoretischen Überlegungen kam es im Laufe der Jahre im Bereich Heilen mit Kräuterkissen zu einem entscheidenden Fortschritt. So verwundert es nicht, dass die moderne Medizin in China wie im Ausland den Heilkissen selbst in der heutigen Zeit verstärkte Aufmerksamkeit schenkt.

Chinesische Ärzte und Wissenschaftler, die um ein fundiertes Basiswissen bemüht wahren, sammelten als erstes die Erfahrungen ihrer Vorfahren beim Heilen mit medizinischen Kissen und werteten die entsprechenden Schriften aus. Diese Erkenntnisse ergänzten sie anschließend durch moderne medizinische Forschungen zu elektrischen und magnetischen Feldern. Auf diese Weise wurden erfolgreich »neue« Kissen entwickelt, die bei Schwäche, Alterserscheinungen und Halswirbelerkrankungen helfen sowie der allgemeinen Gesundheitsförderung dienen. Im Zuge des wachsenden Interesses an mehr ganzheitlich orientierten Behandlungsansätzen findet die Traditionelle Chinesische Medizin und damit auch das Kräuterkissen im Westen immer mehr Anklang.

Der Kopf als Sitz des Geistes

In der Traditionellen Chinesischen Medizin gilt der Kopf als Sitz von »jingming«, was etwa mit »wacher Geist« übersetzt werden kann. Da der Kopf mit dem gesamten Körper in enger Verbindung steht, setzt die Heilwirkung der Kräuterkissen vor allem an Nacken und Halswirbelsäule an. Hier verläuft nicht nur der größte Teil der Meridiane, hier liegen auch viele wichtige Reizpunkte. An Nacken und Hals befinden sich zudem zahlreiche Nervenbahnen: der Nervus occipitalis major und minor, der Nervus vagus und der Nervus sympathicus sowie die Gesichtsnerven. An Blutgefäßen haben dort die innere und äußere Halsarterie, die Wirbelarterie und die entsprechenden Venen mit ihren Verzweigungen ihren Sitz.

Über den Kopf den ganzen Körper stärken

Beim Schlafen auf einem Heilkissen wirken die Kräuter also unmittelbar auf die Meridiane, Nerven und Blutgefäße. Auf diese Weise kann auf das gesamte menschliche Nervensystem regulierend Einfluss genommen werden. Die Blutzirkulation wird angeregt, das Immunsystem gestärkt, Störungen der inneren Sekretion werden behoben, die Abwehrkräfte mobilisiert und der körperliche Gesamtzustand kann sich stabilisieren. Dadurch gelingt es, Krankheiten vorzubeugen, vorzeitiges Altern und Schwäche zu verhindern und die Lebenserwartung zu verlängern.

Auch bei uns wird der Gesundheitsvorsorge immer breiterer Raum zugemessen. Die nächtliche Ruhephase, während der sich viele Körperfunktionen regenerieren, spielt dabei eine wichtige Rolle.

Gut zu wissen

Die Meridiane und ihre Funktion

Unter so genannten Meridianen versteht man in der chinesischen Heilkunde Energiebahnen, durch die Energie durch den Körper strömt. Das Meridiansystem wird unterteilt in Yin-Meridiane (Verbindung von Brustkorb mit den oberen bzw. unteren Gliedmaßen) und Yang-Meridiane (Verbindung von Kopf mit Händen und Füßen). Es ist ein geschlossenes System, ähnlich dem Blutkreislauf.

Selbst gemacht – das eigene Heilkissen

Die sorgfältig getrockneten Zutaten eines Heilkissens werden in einen Mull- oder Baumwollstoff eingenäht, der locker gewebt, weich, dünn und durchlässig ist, damit die Kräuteraromen ungehindert ausströmen können. Andererseits enthalten manche Kissen auch pulverisierte Zutaten, in diesem Fall muss der Stoff dicht genug sein, damit der Inhalt nicht herausrieselt.

Das Kissen

Die Größe und Form des Kräuterkissens spielt keine entscheidende Rolle – wichtig ist vor allem, dass es bequem für Sie ist, damit Sie nicht wie die »Prinzessin auf der Erbse« schlafen.

Die Form des Heilkissens kann je nach Vorliebe rund, quadratisch, flach oder dreieckig sein. Seine Breite beträgt in etwa 60 bis 90 Zentimeter, die Höhe 20 bis 35 Zentimeter. Falls das Kissen zu dick wird, sollte man es vergrößern und damit flacher machen. Bei einer kleineren Menge von Zutaten empfiehlt sich die runde Form. Die Unterseite kann man gegebenenfalls auch mit Watte ausstopfen. Synthetische Materialien wie Nylon oder andere Kunstfasern sind nicht geeignet.

Gut zu wissen

Arzneistoffe der chinesischen Medizin

Die meisten Arzneistoffe werden in der chinesischen Medizin aus Pflanzen gewonnen, zum Teil stammen sie aber auch von Tieren oder Mineralien. Daher bestehen die in diesem Buch angeführten Kräuterkissenfüllungen nicht nur aus einer reinen Kräutermischung, es wird auch Hämatit (braunes Eisenoxyd) oder Alaun (Kalium-Aluminium-Sulfat) verwendet.

In der Traditionellen Chinesischen Medizin werden auch für uns höchst ungewöhnliche Zutaten tierischer Herkunft eingesetzt, zum Beispiel getrocknete Regenwürmer, chinesische Bodenkäfer oder getrockneter Fledermauskot. Auf diese Kissenbestandteile wurde in den Rezepten dieses Ratgebers verzichtet – zum einen ist es den meisten von uns doch ziemlich fremd, das Haupt auf solche Ingredienzen zu betten, zum anderen sind sie auch nur schwer erhältlich.

Die Vorbereitung der Zutaten

- Blüten und Blätter: Im Allgemeinen genügt es, wenn die Blüten und Blätter nach dem Trocknen an der Luft mit der Hand grob zerkrümelt werden.
- Holzige Zutaten: Wurzelknollen, holzige Pflanzenteile und Ranken müssen zunächst an der Luft getrocknet und dann in einer Pfanne trockengeröstet werden. Anschließend kann man sie abkühlen lassen und grob zerkleinern.
- Mineralien: Hornartige und mineralische Bestandteile muss man auf die Größe von Reiskörnern zerklopfen oder grob pulverisieren.
- Duftstoffe: Kostbare oder flüchtige Substanzen wie zum Beispiel Moschus brauchen keine Vorbehandlung, sie können direkt ins Kissen gegeben werden.

Nachdem die benötigten Zutaten gut durchgemischt wurden, näht man sie in Mull- oder Baumwollstoff ein. Es empfiehlt sich, die Unterseite mit einem Stück Plastikfolie zu verstärken, damit die Kräuter nicht herausrieseln.

Kräuter selbst sammeln macht Spaß, braucht aber auch viel Erfahrung. Für chinesische Kräuterkissen verlassen Sie sich besser auf gekaufte Zutaten (Adressen siehe Serviceteil) – etliche sind auch auf heimischen Fluren gar nicht zu finden.

Unbedenklich bei äußerlicher Anwendung

Heilmittel der Traditionellen Chinesischen Medizin können in der Regel bedenkenlos benutzt werden – finden sie doch teils seit hunderten bzw. tausenden von Jahren Verwendung. Sie wurden damit von vielen Generationen erfolgreich »getestet«. Zwar gelten einige der Pflanzen, wie der Eisenhut, als giftig, verwendet man sie aber nach Vorschrift zusammen mit anderen genannten Kräutern bzw. nach einer bestimmten Zubereitungsart, gehen die für die Gesundheit bedenklichen Stoffe verloren. Eine gewisse Vorsicht bei der Zubereitung sollte also immer geboten sein.

Expertentipp

Kein Tee aus unbekannten Kräutern

Halten Sie sich stets genau an die Mengenangaben und die Zubereitungsart. Während Kräuter im Kissen harmlos für den Menschen sind, können sie innerlich angewendet, z. B. als Tee getrunken, eine giftige Wirkung zeigen!

Welche Kissen gegen welche Beschwerden?

Bei schweren akuten Krankheitszuständen kann man auf den Arzt nicht verzichten. Das Kräuterkissen lässt sich vor allem vorbeugend, bei leichten Beschwerden sowie bei chronischen Krankheiten erfolgreich einsetzen.

Mit Heilkissen werden hauptsächlich leichte Beschwerden an Kopf, Gesicht, Hals, Nacken und Brust behandelt. Bei ernsthaft erkrankten Patienten kann das Heilkissen nur eine ergänzende Therapie darstellen. Handelt es sich um chronische Leiden, muss der Patient vor allem Geduld und Ausdauer mitbringen: Er sollte regelmäßig mindestens sechs Stunden auf dem Kissen schlafen. Erst nach einer Mindestanwendungszeit von zwei bis drei Wochen ist mit einem Erfolg zu rechnen.

Öfter mal ein neues Kissen

Wer Heilkissen zur allgemeinen Gesundheitspflege, zur Lebensverlängerung und zur Bekämpfung von Schwächezuständen einsetzt, sollte eine langfristige, konstante Anwendung einplanen, um den gewünschten Effekt zu erzielen.

Die Anwendung eines Kräuterkissens ist immer auf das individuelle Krankheitsbild und die jeweilige körperliche Verfassung abzustimmen. Bei einer Veränderungen des Befindens sollte das Kissen daher gewechselt werden. Generell ist es zu empfehlen, nicht ständig auf demselben Kissen zu schlafen – das gilt auch für so genannte unspezifische Gesundheitskissen. Spätestens nach einem halben Jahr sind Wirkstoffe und Aromen des Kissens verflogen – ein neues muss her. Nach zwei bis drei Wochen sollten Sie das Kissen für eine Stunde an der Sonne lüften. So bewahrt es seine Form, der Inhalt bleibt trocken und kann nicht schimmeln.

Unterstützende Maßnahmen

- Trinken Sie vor dem Schlaf auf einem Heilkissen ein kleines Glas abgekochtes, lauwarmes Wasser, damit das Yin durch die ätherischen Stoffe nicht zu stark angegriffen wird.
- Zur Unterstützung der Heilwirkung sollten Sie den ganzen Körper entspannen und innerlich zur Ruhe kommen.
- Die Wirkung des Kissens wird ferner unterstützt, wenn Sie zusätzlich Qi-Gong-Übungen wie Neiyang gong (»Innere Pflege«) oder Liuzijue (»Sechs heilende Laute«) praktizieren.

Nebenwirkungen sind kaum zu befürchten

Kräuterkissen sind generell von sanfter Wirkung und unerwünschte Nebeneffekte kommen selten vor. Wie bei allen Heilmitteln, die überhaupt eine Wirkung zeigen, sind aber auch für die chinesischen Kissen Nebenwirkungen nicht völlig auszuschließen.

Möglich sind allergische Reaktionen

Während der Behandlung mit einem Heilkissen können in Ausnahmefällen Kopfschmerzen und Schwindelgefühl, Gesichtsrötung, Übelkeit, Brechreiz und andere Symptome auftreten. In solchen Fällen sollte man die Behandlungsdauer verkürzen. Auch kann die Menge der Zutaten reduziert oder eine andere Zusammensetzung ausprobiert werden. Gelegentlich reagieren Menschen, die auf einem Kräuterkissen schlafen, mit Nesselausschlag. Dabei können Hautrötungen und lokaler Juckreiz, aber auch leichter Juckreiz am ganzen Körper, Reizhusten, Keuchen oder Beklommenheit und andere allergische Reaktionen auftreten. Bei leichteren Symptomen genügt es, das Kissen wegzulassen. In schweren Fällen sollte unbedingt ein Arzt aufgesucht werden. Wer nach einiger Zeit der Verwendung eines Kräuterkissens an Trockenheit in Mund und Kehle, trockener Nasenschleimhaut, starkem Durst oder sogar Nasenbluten leidet, der sollte vor dem Schlafengehen ein kleines Glas lauwarmes, abgekochtes Wasser trinken. Zusätzlich kann der Anteil der Substanzen mit hohem Gehalt an ätherischen Ölen verringert werden.

Allergien sind höchst individuelle Reaktionen und können praktisch gegen jeden erdenklichen Stoff auftreten. Daher sind sie auch bei chinesischen Kräuterkissen nicht völlig auszuschließen.

Gut zu wissen

Die TCM und ihr ganzheitlicher Ansatz

Da der Mensch in der chinesischen Medizin als komplexe Einheit gesehen wird, wird bei einer Erkrankung nicht nur isoliert das betreffende Organ behandelt, sondern der gesamte Organismus. Die Wechselbeziehungen zwischen den Organen werden stets berücksichtigt, der Behandlung geht eine ganzheitliche Untersuchung voran.

Ein hektischer Alltag, Stress im Beruf oder Probleme in der Beziehung belasten das Nervenkostüm auf unterschiedliche Weise. Unruhe, Ängste, Beklemmungen oder gar Depressionen können die Folge sein. Ein stärkendes und entspannendes Kräuterkissen wirkt hier wahre Wunder...

Kräuterkissen

für die Seele

Beruhigt angespannte Nerven

Manchmal kann man sich selbst nicht mehr leiden – wenn man völlig gereizt auf seine Mitmenschen reagiert, vor lauter Nervosität so zerstreut ist, dass man wichtige Dinge verlegt oder Termine vergisst. Schuld daran ist meist unsere allzu hektische Lebensweise mit wenig Gelegenheit zur Entspannung. Die Sinne werden überreizt durch ein Dauerfeuerwerk von Eindrücken, durch Lärm, visuelle Reize und Umweltschadstoffe. Erholung wird nicht durch Ruhephasen gesucht, sondern durch übermäßigen Konsum von scheinbar entspannenden oder erfrischenden Nervengiften wie Koffein, Nikotin und Alkohol. Innere Ausgeglichenheit und Ruhe werden dann zum Wunschtraum. Doch der Traum kann in Erfüllung gehen, probieren Sie es ganz einfach einmal mit einem der folgenden Heilkissen.

Allgemeine Nervosität

Ein Kräuterkissen, das bei allgemeiner Nervosität und Schwindelgefühlen, Schlafproblemen und Vergesslichkeit, Zerstreutheit, weichen Knien und Abgeschlagenheit im Kreuz sowie heftigem Träumen hilft.

Nach einem hektischen, anstrengenden Tag ist es oft schwer, in den Schlaf zu finden. Die nötige innere Ruhe will sich einfach nicht einstellen. Ein duftendes Kräuterkissen hilft dabei, vom Stress abzuschalten.

Zutaten

- 500 g Magnetit
- 500 g Wurzelrinde der Päonie
- 500 g chin. Coptis (Coptis chinensis)
- 300 g chin. Zimtstange
- 300 g getrocknete Wurzel des chin. Fingerhuts (Rehmannia glutinosa)
- 150 g Haselwurz (Asarum sieboldii)

1. Magnetit zu reisgroßen Körnern zerkleinern.
2. Die pflanzlichen Zutaten trocken rösten, zerkrümeln und alles vermischen.
3. Dann in einen Mullsack einnähen und diesen ins Kopfkissen integrieren.

Anwendung und Wirkungsweise

Schlafen Sie jede Nacht auf dem Kissen. Die Kräutermischung nährt das Herz, beruhigt den Geist und stärkt das Gehirn.

Innere Unruhe und Zerstreutheit

Abhilfe verspricht dieses Kräuterkissen nicht nur bei innerer Unruhe und Zerstreutheit. Auch bei Gedächtnisschwäche im Alter, Schlafproblemen, Apathie, Kurzatmigkeit und häufigem Harndrang in der Nacht ist die Anwendung zu empfehlen.

Zutaten

- 1 kg schwarze Sojabohnen
- 1 kg getrocknete Maulbeeren
- 500 g getrockneter chin. Fingerhut (Rehmannia glutinosa)
- 500 g Morinda officinalis
- 200 g Wurzelrinde der Päonie
- 100 g runzelige Agastache (Agastache urgosa)

1. Alle Zutaten getrennt trocken rösten und zerkleinern.
2. Anschließend vermischen, in einen Mullsack einnähen und ins Kopfkissen integrieren.

Anwendung und Wirkungsweise

Schlafen Sie jede Nacht auf dem Kopfkissen. Das Kräuterkissen nährt das Rückenmark und verbessert die Gedächtnisleistung.

Sie schlafen jetzt schon schlecht, weil Sie eine wichtige Prüfung vor sich haben? In der Familie oder im Freundeskreis steht jemand vor einem wichtigen Abschluss? Machen Sie sich oder jemand anderem ein Geschenk mit dem beruhigenden Kissen nach nebenstehender Rezeptur.

Anspannung während der Prüfungszeit

Dieses Kissen verspricht Linderung bei Anspannung und Ruhelosigkeit vor Prüfungen, bei Nervosität und Schlaflosigkeit, Gedächtnisschwäche, Schwindelgefühl, Herzflattern und Appetitlosigkeit.

Zutaten

- 500 g Rinde der Seidenfaden-Albizie (Albizia julibrissin)
- 500 g Acorus gramineus
- 400 g Blätter der orientalischen Zypresse (Thuja orientalis)

1. Die Zutaten trocken rösten, zerkleinern und mischen.
2. Alles in eine doppelte Mullschicht einnähen.

Anwendung und Wirkungsweise

Schlafen Sie jede Nacht auf diesem Kissen. Diese Kräuter stärken das Gehirn, beruhigen das Herz und den Geist.

Nervosität und Reizbarkeit

Das beruhigende Kissen schafft Abhilfe bei Nervosität, Reizbarkeit sowie der Neigung zu Jähzorn. Wirkungsvoll ist es auch gegen Herzflattern und Schlaflosigkeit.

Zutaten

- 450 g Binsengras (Juncus effusus)
- 150 g Stängelmark des Reispapierbaums (Tetrapanax papyrifer)
- 150 g Wurzelrinde der Päonie
- 150 g Schalen von Mungobohnen
- 100 g Vladimiria sonliei

1. Alle Zutaten trocken rösten und zerkleinern.
2. In ein doppeltes Mulltuch einnähen. Das Säckchen ins Kopfkissen integrieren.

Anwendung und Wirkungsweise

Schlafen Sie jede Nacht auf dem Kissen. Die Kräutermischung wirkt besänftigend und beruhigend.

Plötzlich auftretende Gesichtszuckungen

Die Verwendung dieses Kräuterkissens empfiehlt sich bei Zuckungen im Gesicht, die meist unregelmäßig auftreten und sich bei Stress sowie körperlicher und emotionaler Belastung verstärken.

Zutaten

- 2 kg Magnetit
- 500 g Austernschalen
- 500 g Hämatit (braunes Eisenoxyd)
- 200 g Realgar (Rauschrot)
- 500 g chin. Dattelsamen (Ziziphus jujuba)
- 50 g Zinnober
- 20 g Kampfer

1. Die mineralischen Zutaten auf Graupengröße zerkleinern.
2. Die Kräuter bis auf den Kampfer trocken rösten und zerkrümeln.
3. Im Anschluss alle Zutaten mischen und in eine doppelte Mulllage einnähen. Mullsäckchen in das Kopfkissen integrieren.

Erze wie Magnetit und Hämatit werden von alters her in China zu Heilzwecken eingesetzt.

Anwendung und Wirkungsweise

Schlafen Sie jede Nacht auf dem Kissen. Es belebt den Blutkreislauf, macht die Energieleitbahnen durchlässig und wirkt krampflösend.

Innere Unruhe und Reizbarkeit

Das Kissen eignet sich bei innerer Unruhe und Reizbarkeit, Nervosität, Schlaflosigkeit und heftigem Träumen – insbesondere wenn diese Erscheinungen begleitet werden von geröteten Augen, bitterem Geschmack im Mund, dunklem Urin und trockenem Stuhl.

Zutaten

- 500 g Chrysanthemen aus Hangzhou
- 500 g indische Chrysanthemen (Dendranthema indicum)
- 500 g Blätter der Wintermaulbeere
- 500 g Färberdistel (Carthamus tinctorius)
- 200 g Minze (Mentha haplocalyx)
- 50 g Kampfer

Sehr beliebt sind in China außer den Blättern auch die Früchte der Maulbeere, die neben ihrem Wohlgeschmack Yin-fördernd wirken sollen. Hier erhält man sie manchmal in türkischen Lebensmittelgeschäften.

1. Bis auf den Kampfer alle Kräuter trocken rösten und grob zerkrümeln.
2. Den Kampfer untermischen und alle Zutaten in einen Mullsack einnähen. Dieser wird in das Kopfkissen integriert.

Anwendung und Wirkungsweise

Schlafen Sie jede Nacht auf dem Kissen. Diese Kräuter wirken beruhigend und schlaffördernd.

Expertentipp

Heilsam und erfrischend

Die Ackerminze (Mentha haplocalyx) ist Bestandteil vieler überlieferter Rezepte aus China. Sie ist milder als die bei uns verwendete Pfefferminze. Getrocknet ist sie in Apotheken erhältlich, ersatzweise kann auch die Grüne Minze (Mentha spicata) verwendet werden.

Wutausbrüche und Jähzorn

Emotionen sind nach der Traditionellen Chinesischen Medizin den Funktionskreisen bestimmter Organe zugerechnet. Zorn und Wut, aber auch unterdrückter Ärger, Frustration und Unbeherrschtheit werden in Zusammenhang mit der Leberfunktion und dem von ihr abhängigen Stoffwechsel gesehen. Die Behandlung zielt darauf ab, dieses Funktionsystem zu harmonisieren.

Den gewünschten seelischen Ausgleich bietet dieses Kräuterkissen, das neben Wutausbrüchen und Jähzorn auch Nervosität und Reizbarkeit, Herzflattern und Schwindelgefühlen, Schlafmangel, trockenem Mund und trockener Kehle sowie Abgeschlagenheit im Kreuz entgegenwirkt.

Zutaten

- 1000 g Magnetit
- 1000 g schwarze Sojabohnen
- 200 g Chrysanthemenblüten
- 200 g Schalen von Mungobohnen

> Magnetit ist ein magnetisches Gestein, das zu über 70 Prozent aus Eisen besteht. Heilen mit magnetischen Kräften hat eine uralte Tradition in den Kulturen der Chinesen, Ägypter und Griechen.

1. Den Magnetit in ein Tuch wickeln und mit einem Hammer zu reisgroßen Körnern zerkleinern.
2. Die pflanzlichen Zutaten trocken rösten und anschließend zerkrümeln.
3. Alles miteinander vermischen und in einen Mullsack einnähen, der in das Kopfkissen gegeben wird.

Anwendung und Wirkungsweise

Schlafen Sie jede Nacht auf dem Kissen. Das Kräuterkissen hat eine besänftigende und beruhigende Wirkung.

Expertentipp

Behandlungsdauer verkürzen

Sollten Schwindelgefühle oder Reizhusten bei der Anwendung von Kräuterkissen auftreten, ist die Behandlungsdauer entsprechend zu verkürzen bzw. bei anhaltenden Beschwerden auf die Anwendung zu verzichten.

Zur Stärkung bei Ängsten und Beklemmungen

Unterstützend wirken bei Ängsten und Beklemmungen Entspannungsübungen wie z. B. Qi Gong. Die Übungen wirken anregend auf den Geist und helfen dabei, zurück zu unserer inneren Mitte zu finden.

Vielleicht hilft ein stärkendes Kräuterkissen auch bei der Angst vor der Spinne – doch eine solche konkrete Urangst ist eigentlich sehr menschlich und sollte im Leben keine großen Probleme bereiten. Ganz anders sieht es da mit der Angst vor zwischenmenschlicher Nähe, der Angst, Konflikte nicht bewältigen zu können, oder der Angst, das Leben nicht mehr in den Griff zu bekommen, aus. Häufig sind dies Anzeichen für einen Erschöpfungszustand, der sich nach langdauernden körperlichen oder seelischen Belastungen einstellt.

Sicherlich kann hier ein Kräuterkissen unterstützend als Therapie eingesetzt werden, zusätzlich sollten Sie sich aber nicht scheuen, fachkundige Hilfe bei einem Arzt oder Therapeuten einzuholen.

Prüfungsangst und allgemeine Ratlosigkeit

Angstzuständen vor Prüfungen kann mit diesem Kräuterkissen vorgebeugt werden. Zusätzlich hilft es bei allgemeiner Ratlosigkeit, Nervosität, Spannungszuständen, Schlaflosigkeit, heftigem Träumen, gelegentlichem Black-out, Schreckhaftigkeit sowie bei gerötetem Gesicht und geröteten Ohren.

Zutaten

- 500 g Eisenrost
- 300 g schmalblättrige Kreuzblume (Polygala tenuifolia)
- 500 g Muschelschalen
- 500 g Magnetit
- 200 g Acorus gramineus (eine Kalmus-Art)

1. Eisenrost, Magnetit und Muschelschalen zu graupengroßen Stücken zerstoßen.
2. Die restlichen Zutaten trocken rösten, zerkleinern und mischen.
3. Alles in einen doppelten Mullsack einnähen und in das Kopfkissen integrieren.

Anwendung und Wirkungsweise

Schlafen Sie jede Nacht auf dem Kissen. Das Kissen stärkt Geist und Gehirn, beruhigt das Herz und kräftigt die Willenskraft.

Panikreaktionen und Alpträume

Schlafstörungen mit Alpträumen sind nach chinesischer Sichtweise durch ein Übergewicht von Yang (dem Prinzip der Aktivität) begründet. Der Übergang zum Yin (Prinzip der Ruhe und Entspannung) ist gestört. Ängste, Überarbeitung oder seelische Überlastung können daran schuld sein. Nach westlicher Auffassung sind nächtliche Schweißausbrüche ein Zeichen dafür, dass sich die Immunabwehr mit einer Störung auseinandersetzt – was ebenfalls häufig auf Nervosität und Erschöpfung zurückzuführen ist. Erleichterung verspricht folgendes Kräuterkissen bei Panikreaktionen sowie Schlaflosigkeit, verbunden mit heftigem Träumen bis hin zu Alpträumen, Ausbrüchen von kaltem Schweiß und nächtlichem Schwitzen.

Zutat

- 200 g Wurzel der Osterluzei (Aristolochia debilis)

1. Die Wurzeln trocken rösten und grob zerkleinern.
2. Wurzelstücke in einen Mullsack einnähen und auf der Oberseite des Kopfkissens anbringen.

Anwendung und Wirkungsweise

Schlafen Sie jede Nacht auf dem Kissen. Das Kräuterkissen nährt das Herz, wirkt beruhigend und schlaffördernd.

Von Dämonen gejagt oder von Engeln bewacht – die Qualität unserer Träume zeigt häufig an, wie es um unseren Gesundheitszustand, das Nervenkostüm und die Seelenlage bestellt ist.

Zur Gemütsstabilisierung bei Depressionen

Hinter dem Gefühl einer allgemeinen Lustlosigkeit kann sich bereits eine leichte Depression verbergen. Eine so genannte schwere Depression liegt vor, wenn Sie sich ganz in sich zurückziehen, Kontakte meiden, das Leben für Sie nicht mehr lebenswert ist oder Sie in allem, was Sie tun, keinen Sinn mehr sehen. Auch hier kann nicht nur ein stärkendes Kräuterkissen helfen, wichtig ist zudem der Gang zu einem Therapeuten oder das Aufsuchen einer Selbsthilfegruppe.

Depression

Diese Kräutermischung ist hilfreich bei depressiven Verstimmungen, allgemeiner Bedrücktheit, Nervosität und Reizbarkeit.

Zutaten

- 150 g Chrysanthemenblüten
- 150 g Maulbeerblätter
- 150 g Mandarinenblätter
- 150 g Mungobohnenschalen
- 150 g Cassia tora
- 150 g Gentiana scabra (eine Enzian-Art)
- 150 Wurzelhaut des chinesischen Bocksdorn (Lycium chinense)

Mungobohnen und ihre Samenschalen werden sehr häufig in chinesischen Rezepten verwendet. Ihre Heilwirkung: entgiftend, kühlend und beruhigend.

1. Alle Zutaten trocken rösten und zerkleinern.
2. In ein Mulltuch einnähen, das Säckchen ins Kopfkissen integrieren.

Anwendung und Wirkungsweise

Schlafen Sie jede Nacht auf dem Kissen. Das Kissen hilft, die Depression zu beseitigen sowie Herz und Geist zu beruhigen.

Expertentipp

Yoga & Co. für die Seele

Um Depressionen zu bekämpfen, ist es neben dem Einholen fachkundiger therapeutischer Hilfe ratsam, durch regelmäßige Entspannungsübungen zu Gelassenheit und Ausgeglichenheit zu kommen.

Geistige und körperliche Kraftlosigkeit

Ein Kissen zur Stärkung bei geistiger und körperlicher Kraftlosigkeit, Überanstrengung der Augen, Herzflattern und Kurzatmigkeit sowie Gesichtsblässe.

Zutaten

- 500 g Gewürz-Zimtbaum (chin. Zimtstange)
- 500 g Blüten des Syzygium aromaticum
- 200 g Knolle des Eisenhuts (Aconitum carmichaelii)
- 150 g chin. Ephedra (Ephedra sinica)
- 100 g Haselwurz (Asarum sieboldii)

1. Alle Zutaten trocken rösten, grob zerkrümeln und vermengen.
2. Mischung in einen Mullsack einnähen und diesen an der Oberseite des Kopfkissens anbringen.

Die Haselwurz gehört zu den Osterluzeigewächsen und wurde auch in Europa als Heilpflanze verwendet. Galen, Plinius und die heilkundige Äbtissin Hildegard von Bingen erwähnen sie in ihren Schriften.

Anwendung und Wirkungsweise

Schlafen Sie jede Nacht auf dem Kissen. Diese Kräuterzusammenstellung nährt das Herz, beruhigt den Geist und klärt die Augen.

Gut zu wissen

Blaue Schönheit

Der Eisenhut schmückt in mehreren Sorten als Zierstaude halbschattige Plätze in unseren Gärten. Die in wunderbaren Blautönen blühende Pflanze ist nicht ganz ungefährlich.

Sie enthält in allen Pflanzenteilen das Alkaloid Aconitin, das in früheren Zeiten als Pfeilgift verwendet wurde. Bereits drei Milligramm davon gelten bei innerlicher Einnahme als tödliche Dosis für Erwachsene. Plinius war so beeindruckt von der Stärke des Gifts, das er den Eisenhut als »vegetabiles Arsen« bezeichnete. Medizinisch wurde es in genau eingestellter Dosierung gegen Nervenschmerzen, besonders Trigeminusneuralgien, verordnet. Auf keinen Fall darf Eisenhut innerlich eingenommen oder etwa als Tee aufgebrüht werden!

Kräuterkissen für den Körper

Nicht nur die Seele profitiert von einem heilsamen Schlaf auf einem Kräuterkissen, auch für körperliche Beschwerden wie Kopfschmerzen, Schlafprobleme, Nacken- und Schulterverspannungen gibt es ein »passendes Kraut«.

Befreiung von Kopfschmerzen

Wem hat noch nicht so richtig der Schädel gebrummt? Der Griff zur schnellwirkenden Schmerztablette ist in unseren westlichen Breitengraden meist die erstbeste Lösung.

Doch gerade hartnäckige Kopfschmerzen, zum Beispiel bei Erkältungen, kommen bald wieder. Mancher Kopfschmerz wird sogar begleitet von Schwindel oder Nackenschmerzen, hier hilft nicht immer die Einnahme einer Tablette. Oft sind auch Verspannungen der Nackenmuskulatur an häufig auftretenden Kopfschmerzen schuld, denen man am besten durch Entspannungsübungen und Gymnastik begegnet. Versuchen Sie es doch einmal mit einem schmerzlindernden Kräuterkissen.

Ein sehr beliebtes Mittel gegen Kopfschmerzen ist der chinesische Tigerbalsam, der auch bei uns bekannt ist. Für empfindliche Personen ist der starke Pfefferminz- und Zimtgeruch aber oft zu intensiv – hier ist das Kräuterkissen die bessere Wahl.

Spannungskopfschmerzen

Ein heilsames Kräuterkissen bei Spannungskopfschmerzen mit Schlaflosigkeit, heftigem Träumen, Nervosität und Reizbarkeit, Schmerzen in der Rippengegend sowie trockenem Stuhl.

Zutaten

- 500 g weiße Chrysanthemenblüten (aus Hangzhou)
- 500 g indische Chrysanthemenblüten (Chrysanthemum indicum)
- 500 g Blätter der Wintermaulbeere
- 500 g Magnolienblüten
- 100 g Färberdistel (Carthamus tinctorius)
- 200 g Minze (Mentha haplocalyx)
- 50 g Kampfer

1. Bis auf den Kampfer alle Kräuter trocken rösten und grob zerkrümeln.
2. Den Kampfer untermengen und alle Zutaten in einen Mullsack einnähen. Dieser wird in das Kopfkissen integriert.

Anwendung und Wirkungsweise

Schlafen Sie jede Nacht auf diesem Kissen. Drei Monate bilden hier eine Behandlungseinheit. Das Kissen hat schmerzlindernde Wirkung.

Spannungskopfschmerz mit Schwindelgefühl

Wird der Spannungskopfschmerz von Schwindelgefühlen begleitet und treten Symptome auf wie Ohrensausen, Schlaflosigkeit, heftiges Träumen, Nervosität, Reizhusten, Gesichtsrötung, bitterer Geschmack im Mund, Schmerzen in der Rippengegend und trockener Stuhl – dann ist dieses Kissen anzuwenden.

Zutaten

- 1500 g Cassia tora
- 1500 g Abalonenschalen

(Abalonen=Gattung mariner Schnecken)

1. Die Zutaten trocken rösten.
2. Die Pflanzenteile zerkrümeln und die Schalen grob zermahlen.
3. Alle Zutaten in einen Mullsack einnähen und in das Kopfkissen integrieren.

Anwendung und Wirkungsweise

Schlafen Sie jede Nacht auf dem Kissen und achten Sie darauf, den Inhalt alle vier bis fünf Monate zu erneuern. Das Kissen wirkt schmerzlindernd.

Kopfschmerzen mit Übelkeit

Dieses Kräuterkissen sollte verwenden, wer unter Kopfschmerzen in Verbindung mit Benommenheit, Beklemmung, Übelkeit und Verschleimung oder Ohrensausen leidet.

Wenn sich zu den Kopfschmerzen auch noch Übelkeit und erhöhte Lichtempfindlichkeit gesellen, leiden Sie wahrscheinlich unter Migräne. Schmerztabletten akzeptiert der rebellierende Magen dann oft nicht, so dass das Kräuterkissen zwar nicht so rasch wirkt, aber verträglicher ist.

Zutat

- 1500 g Acorus gramineus

1. Die Zutat trocken rösten und die Pflanzenteile zerkrümeln.
2. In einen doppelten Mullsack einnähen. Dieser wird in das Kopfkissen integriert.

Anwendung und Wirkungsweise

Schlafen Sie jede Nacht auf dem Kissen. Das Kissen wirkt schmerzlindernd und macht die Energieleitbahnen durchlässig.

Erkältungskopfschmerz mit Nacken- und Rückenschmerzen

Wenn die Erkältungskopfschmerzen bis in den Nacken und Rücken ausstrahlen, verspricht dieses Kissen Linderung der Symptome.

Zutat

- 2 kg Blätter der Kornelkische (Cornus officinalis)

1. Die Blätter werden in Mull eingenäht und in diesem Säckchen gedämpft, bis sie heiß sind.
2. Mullsäckchen heiß in einen Kopfkissenbezug schlagen.

Anwendung und Wirkungsweise

Legen Sie den Kopf auf das heiße Kissen, bis die Temperatur merklich abnimmt. Der Kisseninhalt kann nach Erkalten erneut erwärmt werden. Bei Beschwerden ein- bis zweimal täglich anwenden. Das Kissen wirkt schmerzlindernd und belebt die Energieleitbahnen.

Die Kornelkirsche ist auch bei uns beheimatet und gehört zu den wertvollsten Sträuchern für die Vogelwelt. Bereits im Februar zeigt sie ihre hellgelben Blüten, die denen der Zaubernuss ähneln, an den noch kahlen Zweigen.

Trigeminuskopfschmerzen

Bei Trigeminuskopfschmerzen (Nervenschmerzen, die vom Backenknochen zum Schädel hin ausstrahlen) mit heftigen Schmerzschüben ist dieses Kräuterkissen das Kissen der ersten Wahl.

Zutaten

- 1 kg Salbei (Salvia miltiorrhiza)
- 200 g chinesische Mutterwurz (Ligusticum wallichii)
- 200 g Maulbeeren
- 200 g chin. Engelswurz (Radix Angelica sinensis)
- 10 g Kampfer

1. Alle Kräuter trocken rösten und grob zerkrümeln.
2. Dann den Kampfer untermischen und alle Zutaten in einen Mullsack einnähen. Dieser wird in das Kopfkissen integriert.

Anwendung und Wirkungsweise

Schlafen Sie jede Nacht auf dem Kissen. Dieses Kräuterkissen regt den Blutkreislauf an, wirkt krampflösend und schmerzlindernd und macht die Energieleitbahnen durchlässig.

Der Trigeminusnerv kann leicht durch kalte Zugluft gereizt werden, etwa beim Autofahren mit offenem Fenster. Die jäh einschießenden Schmerzen können durch Wärme gelindert werden.

Der altvertraute Löwenzahn kann auch als Heilkraut im chinesischen Kräuterkissen »mitmischen«.

Erkältungskopfschmerz mit starkem Druckgefühl

Dieses Kräuterkissen verschafft Erleichterung, wenn sich der Kopf anfühlt, als wolle er platzen, sowie bei den Begleiterscheinungen: Gesichts- und Augenrötung, Hitzewallungen, ein geschwollener, schmerzender Hals, starker Durst und dunkler Urin.

Zutat

- 1500 g Löwenzahn

1. Den Löwenzahn trocken rösten und zerkrümeln.
2. In einen Mullsack einnähen. Dieser wird in das Kopfkissen integriert.

Anwendung und Wirkungsweise

Schlafen Sie jede Nacht auf dem Kissen. Dabei sollten Sie darauf achten, den Inhalt alle drei bis fünf Monate zu erneuern. Das Kissen wirkt schmerzlindernd.

Gut zu wissen

Der Löwenzahn – bekannt im Westen wie im Osten

Wohl bekannt ist der Löwenzahn auch im Westen: Hier wird er medizinisch unter anderem bei Beschwerden der Nieren oder der Leber verwendet. Auch als Abführmittel hat sich die Pflanze bewährt.

In der traditionellen chinesischen Medizin schreibt man dem Löwenzahn auch eine Entzündungen lindernde Wirkung zu sowie die Fähigkeit, den Körper zu entgiften.

Löwenzahn selbst zu sammeln ist kinderleicht – schließlich sind im Frühjahr alle Wiesen übersät mit seinen goldgelben Blüten. Schwieriger ist es hingegen, ihn sachgerecht zu trocknen. Wer sich's zutraut: Sammeln Sie nur junge Blätter von Pflanzen, die abseits von Straßen und gedüngten Weiden stehen. Breiten Sie die Pflanzen daheim in dünner Schicht auf großen Tabletts oder Zeitungspapier an einem schattigen, warmen und lufttrockenen Ort aus. Erst nach vollständiger Trocknung in luft- und lichtgeschützte Dosen oder Gläser verpacken.

Kopfschmerzen mit Ohrensausen

Dieses Kissen ist heilsam bei Kopfschmerzen in Verbindung mit Ohrensausen, Schwindelgefühl, Schlaflosigkeit, heftigem Träumen sowie Nervosität und Reizbarkeit.

Zutat

- 1000 g Magnetit (Magneteisenstein)

1. Eine ausreichende Menge Magnetit in ein Tuch wickeln und solange mit dem Hammer auf einer harten Unterlage zerkleinern, bis Körner in der Größe von Graupen entstehen.
2. Die Körner in einen Mullsack einnähen und in das Kopfkissen integrieren.

Anwendung und Wirkungsweise

Schlafen Sie jede Nacht auf dem Kissen. Das Kissen lindert Kopfschmerzen und beruhigt den Schlaf.

Kopfschmerzen bei Blutarmut

Anwendung findet dieses Kräuterkissen bei Kopfschmerzen infolge von Blutarmut, die verbunden sind mit Schwindelgefühlen, Kraftlosigkeit, Blässe, Herzflattern und Unruhe.

Mit Blutarmut ist in diesem Falle nicht etwa Leukämie gemeint, die in jedem Fall ärztlich behandelt werden muss, sondern der häufige Zustand nach längerer Krankheit oder großer körperlicher oder geistiger Anstrengung, wenn man sich schlapp, lustlos und entkräftet fühlt.

Zutaten

- 1 kg Salbei (Salvia miltiorrhiza)
- 200 g chin. Engelswurz (Radix Angelica sinensis)
- 200 g chin. Mutterwurz (Ligusticum wallichii)
- 200 g Maulbeeren
- 10 g Kampfer

1. Bis auf den Kampfer alle Kräuter trocken rösten und zerkrümeln.
2. Anschließend den Kampfer untermischen und alle Zutaten in einen Mullsack einnähen. Dieser wird in das Kopfkissen integriert.

Anwendung und Wirkungsweise

Schlafen Sie jede Nacht auf dem Kissen. Dieses Kräuterkissen nährt das Blut, belebt den Kreislauf und lindert die Schmerzen.

Kopfschmerzen bei rheumatischen Erkrankungen

Meist hat der Betroffene bei dieser Art von Kopfschmerzen das Gefühl, sein Kopf sei eingewickelt. Die Symptome verschlechtern sich bei Wetterveränderung, besonders bei feuchtem, bedecktem Wetter. Die Glieder werden schwer, Beklemmungen in der Brust treten auf. Hier hilft folgendes Kräuterkissen:

Die chinesische Engelwurz ist eine Verwandte der europäischen Form, der Angelica archangelica. Sie wurde ebenfalls als Heilmittel angebaut, ihrer Wurzel wurden appetitanregende und verdauungsfördernde Wirkungen zugeschrieben.

Zutaten

- 200 g chin. Mutterwurz (Ligusticum wallachii)
- 200 g chin. Engelswurz (Radix Angelica sinensis)
- 100 g Fructus viticis
- 150 g Wurzel der Mastixdistel
- 150 g runzlige Agastache (Agastache urgosa)
- 150 g Katzenminze
- 100 g Haselwurz (Asarum sieboldii)

1. Alle Kräuter trocken rösten und grob zerkrümeln.
2. In einen Mullsack einnähen. Dieser wird in das Kopfkissen integriert.

Anwendung und Wirkungsweise

Schlafen Sie jede Nacht auf dem Kissen. Der Inhalt sollte alle vier bis fünf Monate erneuert werden. Das Kräuterkissen belebt die Energieleitbahnen und lindert den Schmerz.

Der intensive Duft der Katzenminze wird nicht nur von unseren Zimmertigern geschätzt, die sich voll Begeisterung darin wälzen; er zeigt auch den Reichtum der Pflanze an ätherischen Ölen an.

Kopfschmerzen mit Schwindelgefühl und Kraftlosigkeit

Wer unter Kopfschmerzen mit Schwindelgefühl und Kraftlosigkeit sowie unter Ohrensausen, Schlaflosigkeit, heftigem Träumen, und Abgeschlagenheit leidet, sollte dieses Kräuterkissen verwenden.

Zutat

- 2 kg schwarze Sojabohnen

1. Die Bohnen so lange dämpfen, bis sich die Farbe verändert.
2. Bohnen grob zerkleinern und in der Sonne trocknen.
3. Die getrockneten Bohnen in einen Mullsack einnähen und in das Kopfkissen integrieren.

Anwendung und Wirkungsweise

Schlafen Sie jede Nacht auf dem Kissen. Dieses Kräuterkissen kräftigt und nährt die Nieren, begünstigt die Produktion von Körperessenzen und wirkt schmerzlindernd.

Kopfschmerzen vor der Menstruation

Dieses Kräuterkissen zeigt seine schmerzlindernde Wirkung bei heftigen Kopfschmerzen, die vor der Menstruation auftreten, verbunden mit Nervosität und Reizbarkeit, bitterem Geschmack im Mund, Schwindelgefühlen und Ohrensausen, dunklem Urin und trockenem Stuhl, trockenem Mund und geröteten Augen.

Unangenehme Begleiterscheinungen wie Kopfschmerzen vor der Menstruation sind bei uns als Prämenstruelles Syndrom bekannt. Die chinesische Medizin führt diese Erscheinungen auf eine Qi-Blockade der Leber oder Fehlfunktionen von Milz und Nieren zurück.

Zutaten

- 500g weiße Chrysanthemenblüten (aus Hangzhou)
- 500 g indische Chrysanthemenblüten
- 500 g Blätter der Wintermaulbeere
- 500 g Magnolienblüten
- 100 g Färberdistel (Carthamus tinctorius)
- 200 g Minze (Mentha haplocalyx)
- 50 g Kampfer

1. Alle Kräuter trocken rösten und grob zerkrümeln.
2. Kräuter mit Kampfer vermengen und alle Zutaten in einen Mullsack einnähen. Dieser wird in das Kopfkissen integriert.

Anwendung und Wirkungsweise

Schlafen Sie jede Nacht auf diesem Kissen. Hier bilden drei Monate eine Behandlungseinheit. Das Kissen beruhigt den Schlaf und lindert Kopfschmerzen.

Kopfschmerzen nach der Menstruation

Bei Kopfschmerzen nach der Menstruation verbunden mit Schwindelgefühl, Schlaflosigkeit, innerer Unruhe und heftigem Träumen sowie Kraftlosigkeit, Antriebsschwäche und Blässe zeigt dieses schmerzlindernde Kissen seine Wirkung.

Jujubadatteln sind eine der wichtigsten Obstsorten Chinas. In der Arzneikunde werden vor allem die frischen oder getrockneten Früchte verwendet, die bei Verstimmungen, Erschöpfung und Schlaflosigkeit helfen sollen.

Zutaten

- 1200 g chin. Engelswurz (Radix Angelica sinensis)
- 1000 g Astragalus mongolicus (eine Tragant-Art)
- 500 g Wurzel des chin. Fingerhuts (Rehmannia glutinosa)
- 500 g weichhaariger Odermennig (Agrimonia pilosa)
- 500 g Poria coccos (Kokospilz)
- 500 g Narde (Rhizoma Nardostachys)
- 200 g rote Jujubadatteln ohne Kerne
- 100 g Knollenwurzel der Kopoubohne

1. Alle Zutaten trocken rösten und die Pflanzenteile zerkrümeln.
2. In einen Mullsack einnähen, der in das Kopfkissen integriert wird.

Anwendung und Wirkungsweise

Schlafen Sie jede Nacht auf dem Kissen. Dieses Kräuterkissen nährt das Blut, beruhigt den Geist und lindert den Schmerz.

Gut zu wissen

Das Yin wächst

Direkt nach der Menstruation herrscht nach Auffassung der chinesischen Medizin ein Mangel an Säften und Blut. In dieser Zyklusphase wird erst langsam wieder Yin aufgebaut, bis es zur Zeit des Eisprungs in Yang umschlägt.

Hilfe bei Schwindelgefühlen

Ob Blutarmut oder Bluthochdruck, die unterschiedlichsten Krankheiten können sich hinter Schwindelgefühlen verbergen. Die tatsächliche Ursache für den Schwindel sollten Sie unbedingt vom Arzt abklären lassen, es können nämlich ernsthafte Erkrankungen wie ein Hörsturz damit einhergehen.

Die häufigste Ursache ist allerdings recht harmlos: Durch sehr niedrigen Blutdruck entsteht kurzzeitig eine momentane Mangeldurchblutung im Gehirn. Wissen Sie, woher die Schwindelgefühle rühren, finden Sie bestimmt auch das richtige Heilkissen dazu. Hier eine Auswahl...

Schwindelgefühl bei Blutarmut

Auch für Schwindelgefühl bei Blutarmut mit Herzflattern, Schlaflosigkeit, Antriebsschwäche, Müdigkeit und blasser, fahler Gesichtsfarbe gibt es ein wirkungsvolles Kräuterkissen:

Zutaten

- 1200 g chin. Engelswurz (Radix Angelica sinensis)
- 1000 g Astragalus mongolicus (eine Tragant-Art)
- 500 g Narde (Rhizoma Nardostachys)
- 100 g Knollenwurzel der Kopoubohne
- 500 g zubereitete Wurzel des chin. Fingerhuts (Radix Rehmannia glutinosa)
- 500 g weichhaariger Odermennig
- 200 g große chin. Jujubadatteln
- 500 g Poria coccos (Kokospilz)

1. Die Zutaten trocken rösten und die Pflanzenteile zerkrümeln.
2. Alles in einen Mullsack einnähen und diesen in das Kopfkissen integrieren.

Anwendung und Wirkungsweise

Schlafen Sie drei Monate lang jede Nacht auf dem Kissen. Das Kissen regt die Blutbildung an, wirkt beruhigend und stoppt das Schwindelgefühl.

Der Odermennig ist eine fast auf der ganzen Welt verbreitete Pflanze, die schon im Mittelalter wegen ihrer Heilwirkung sehr beliebt war. Sie enthält Gerb- und Bitterstoffe sowie ätherische Öle und wurde bei uns gegen Rheuma, Leberleiden und äußerlich gegen Entzündungen verwendet.

Schwindelgefühl bei erhöhtem Blutdruck

Bluthochdruck muss behandelt werden! Ist er mit Schwindel verbunden, stellen sich Reizbarkeit und die Neigung zu Wutausbrüchen ein, dann empfiehlt sich dieses heilende Kissen als Zusatztherapie.

Zutaten

- 150 g indische Chrysanthemenblüten (Chrysanthemum indicum)
- 150 g Acorus gramineus (eine Kalmus-Art)
- 150 g Braunelle (Prunella vulgaris)
- 150 g Binsengras (Juncus effusus)

Zubereitung

1. Alle Zutaten trocken rösten und zerkleinern.
2. In ein doppelt gelegtes Mulltuch einnähen. Das Säckchen ins Kopfkissen integrieren.

Anwendung und Wirkungsweise

Schlafen Sie jede Nacht auf dem Kissen. Das Kissen senkt den Blutdruck und wirkt ausgleichend auf die Leber.

Schwindelgefühl mit Ohrensausen

Dieses Kräuterkissen bringt Linderung bei Schwindelgefühl mit Ohrensausen und Hörschwierigkeiten, Abgeschlagenheit im Kreuz, Vergesslichkeit und Antriebsschwäche sowie Schlafstörungen.

Plötzlich auftretende Schwindelgefühle können durch niedrigen Blutdruck verursacht sein. Es können aber auch ernstere Erkrankungen dahinterstecken, so dass Sie zur genaueren Abklärung einen Arzt aufsuchen sollten.

Zutaten

- 1 kg Maulbeeren
- 1 kg schwarze Sojabohnen
- 500 g getrocknete chinesische Fingerhut-Wurzel (Rehmannia glutinosa)
- 500 g Morinda officinalis
- 200 g Wurzelrinde der Päonie
- 100 g runzlige Agastache (Agastache urgosa)

1. Die Zutaten trocken rösten und die Pflanzenteile zerkrümeln.
2. Alles in einen Mullsack einnähen. Diesen in das Kopfkissen integrieren.

Anwendung und Wirkungsweise

Schlafen Sie jede Nacht auf dem Kissen. Das Kissen stoppt das Schwindelgefühl, stärkt die Niere und begünstigt die Produktion von Körperessenzen.

Schwindelgefühl mit Spannungskopfschmerzen

Ist das Schwindelgefühl mit Spannungskopfschmerzen verbunden, treten Ohrensausen, Nervosität und Reizbarkeit, bitterer Geschmack und trockene Kehle, Schlaflosigkeit und heftiges Träumen, trockener Stuhl und dunkler Urin auf – so ist dieses Heilkissen anzuwenden.

Zutaten

- 1 kg getrocknete Chrysanthemenblüten
- 1 kg Samen der Cassia tora

1. Die Zutaten trocken rösten und zerkrümeln.
2. Alles in einen Mullsack einnähen und in das Kopfkissen integrieren.

Das Trockenrösten von pflanzlichen Zutaten soll schonend und bei milder Hitze erfolgen. Die Wurzelstücke und Samenkörner brennen leicht an, riechen dann unangenehm und verlieren ihre Wirkungskraft.

Anwendung und Wirkungsweise

Schlafen Sie jede Nacht auf dem Kissen. Das Kissen stoppt den Schwindel, harmonisiert die Leber, öffnet die Fenster des Körpers.

Gut zu wissen

Ein Rezept aus uralter Zeit

Die Chrysanthemenblüten sollten nicht zu stark zerkleinert werden. Das Rezept stammt aus dem Bencao gangmu und kam schon im Altertum zur Anwendung.

Chrysanthemenblüten sind auch als Tee zubereitet sehr beliebt in China. Das Getränk schmeckt lieblich-duftig und dient im Sommer zur Erfrischung. Aus Sicht der chinesischen Medizin ist Chrysanthementee ein sanftes Heilmittel bei Beschwerden, die mit einem Übermaß von Hitze zu tun haben: z. B. häufiges Erröten, Hautentzündungen, Bluthochdruck und Hitzewallungen.

Linderung der Schlafprobleme

Wer eine schlaflose Nacht hinter sich gebracht hat, weiß, wie man sich am nächsten Morgen fühlt: abgeschlagen, matt, lustlos und natürlich unendlich müde. Wie soll man in solch einem Zustand den Alltag mit all seinen Anforderungen bestehen? Es fehlt ganz einfach die nötige Konzentration. Wird Schlaflosigkeit dann auch noch zu einem Dauerzustand, wird nicht selten die Psyche des Betroffenen in Mitleidenschaft gezogen.

Also: Warten Sie nicht, bis es zu spät ist! Probieren Sie stattdessen ein entsprechendes Kräuterkissen aus – das gilt auch für Menschen mit Schlafsucht.

Schlafstörungen können viele Ursachen haben und vielfältige Erscheinungsformen. Wenn Sie sehr früh erwachen und dann nicht mehr einschlafen können, deutet das z.B. auf eine depressive Verstimmung hin.

Schlaflosigkeit

Dieses Kräuterkissen wirkt bei Schlaflosigkeit verbunden mit unruhigem Schlaf und heftigem Träumen, nächtlichem Wachliegen, Schwindelgefühl und Abgeschlagenheit, Herzflattern, Kraftlosigkeit, Blässe sowie schlechtem Geschmack im Mund.

Zutaten

- 1200 g chin. Engelswurz (Radix Angelica sinensis)
- 1 kg Astragalus mongolicus (eine Tragant-Art)
- 200 g rote Jujuba-Datteln
- 500 g Wurzel des chin. Fingerhuts (Rehmannia glutinosa)
- 500 g Narde (Rhizoma Nardostachys)
- 500 g Kokospilz
- 500 g weichhaariger Odermennig (Agrimonia pilosa)
- 100 g Knollenwurzel der Kopoubohne

1. Alle Zutaten getrennt trocken rösten, zerkleinern und mischen.
2. Alles in einen Mullsack einnähen und diesen auf der Oberseite des Kopfkissens anbringen.

Anwendung und Wirkungsweise

Schlafen Sie jede Nacht auf diesem Kissen. Hier bilden drei Monate eine Behandlungseinheit. Das Kissen stärkt die Milz und tonisiert das Herz, nährt das Blut und beruhigt.

Schlafsucht

Abhilfe bei erhöhtem Schlafbedürfnis verschafft dieses Kissen. Meist fühlt sich der Kopf des Betroffenen hierbei schwer an, er ist kurzatmig, spricht wenig und wirkt apathisch, leidet an geistiger und körperlicher Kraftlosigkeit, Beklemmung und Appetitlosigkeit.

Magnolienblüten haben neben ihrer prunkvollen Schönheit auch wertvolle Inhaltsstoffe zu bieten.

Zutaten

- 500 g runzelige Agastache (Agastache urgosa)
- 400 g Eupatorium fortunei
- 300 g Wurzelstock der Mastixdistel (Atractylis ovata)
- 200 g Wolfiparia coccos
- 200 g Stängelmark des Reispapierbaums (Tetrapanax papyrifer)
- 100 g Magnolienblüte
- 50 g chin. Gleditschie (Gleditsia sinensis)

1. Alle Zutaten getrennt trocken rösten, zerkleinern und zusammenmischen.
2. Alles in eine doppelte Mulllage einnähen. Den Mullsack ins Kopfkissen integrieren.

Anwendung und Wirkungsweise

Schlafen Sie jede Nacht auf dem Kissen. Drei Monate bilden eine Behandlungseinheit. Das Kissen weckt die Milz, klärt den Geist, öffnet die Fenster des Körpers und wirkt aufmunternd.

Schlafsucht und Schwindelgefühle

Ein Kräuterkissen, das seine ganze positive Wirkung entfaltet bei Schlafsucht und Schwindelgefühl, die oft verbunden sind mit Spannungskopfschmerzen, geistiger und körperlicher Kraftlosigkeit.

Zutaten

- 500 g Salbei
- 500 g chin. Mutterwurz (Licusticum wallichii)
- 500 g Acorus gramineus (eine Kalmus-Art)
- 400 g Kurcumaknolle (Curcuma aromatica)
- 200 g Myrrhe (Commiphora myrrha)
- 200 g Weihrauch
- 10 g Kampfer

1. Alle Zutaten bis auf den Kampfer trocken rösten, zerkrümeln.
2. Mit dem Kampfer vermischen und in einen Mullsack einnähen. Diesen ins Kopfkissen integrieren.

Anwendung und Wirkungsweise

Schlafen Sie jede Nacht auf diesem Kissen. Hier bilden drei Monate eine Behandlungseinheit. Das Kissen belebt den Kreislauf, löst Blockaden, öffnet die Fenster des Körpers und weckt den Geist.

Schlaflosigkeit bei erhöhtem Blutdruck

Zu hoher Blutdruck ist häufig von Schlafstörungen begleitet, weil unser Blutdruck normalerweise zur Schlafenszeit abfällt. Funktioniert das nicht, wird auf Dauer das Herz überbeansprucht.

Menschen mit zu hohem Blutdruck zeigen oft schon durch äußere Anzeichen, dass sie »auf Hochtouren« laufen. Typische Symptome sind ein gerötetes Gesicht und die Neigung zu Schweißausbrüchen. Auch die Nachtruhe ist oftmals durch die Krankheit beeinträchtigt. Tritt die Schlaflosigkeit aufgrund eines erhöhten Blutdrucks auf, kommt es zu heftigem Träumen und Schwindelgefühlen, dann hilft dieses Kräuterkissen.

Zutaten

- 100 g Maulbeerblätter
- 100 g Maulbeerzweige
- 100 g Steinsame (Lithospermum erythrorrhizon)
- 100 g Chrysanthemenblüten
- 100 g Minze (Mentha haplocalyx)
- 100 g chin. Mutterwurz (Ligusticum wallichii)
- 100 g Wurzelrinde der Päonie
- 100 g Braunelle (Prunella vulgaris)
- 100 g Gips
- 100 g »Kuding«-Tee
- 100 g Wurzel der Osterluzei (Aristolochia debilis)
- 100 g Cassia tora

1. Alle Zutaten trocken rösten und zerkleinern.
2. In ein Mulltuch einnähen. Das Säckchen ins Kopfkissen integrieren.

Anwendung und Wirkungsweise

Schlafen Sie jede Nacht auf dem Kissen. Das Kissen hilft, auf lange Sicht den Blutdruck zu senken. Außerdem reguliert es den wichtigen Funktionskreis der Leber.

Erleichterung bei Nacken- und Schulterbeschwerden

Steifer Nacken, schmerzende Schulter? Dafür ist nicht nur eine falsche Bewegung oder eine falsche Schlafposition verantwortlich. Erkrankungen der Halswirbelsäule bzw. eine schlechte Haltung können die Auslöser sein. Neben einer gezielten Gymnastik oder regelmäßigen Yoga-Übungen sei auch die Verwendung eines der folgenden Heilkissen empfohlen.

Nackenprobleme, begleitet von Schmerzen in der Brust

Für Schmerzlinderung sorgt dieses Kissen, wenn Verspannungen im Nackenbereich, Schmerzen in der Brust, Beklommenheit sowie Unruhe und verstärktes Herzklopfen bei Bewegung auftreten.

Von Schmerzen in der Brust begleitete Nackenprobleme können auch auf Störungen der Herzfunktion hinweisen. Bei häufigerem Auftreten sollten Sie unbedingt einen Arzt konsultieren.

Zutaten

- 1000 g Chrysanthemenblüten
- 400 g chin. Mutterwurz (Ligusticum wallichii)
- 200 g Wurzelrinde der Päonie
- 150 g Engelswurz (Angelica dahurica)

1. Alle Zutaten trocken rösten, grob zerkrümeln und vermengen.
2. Mischung in einen Mullsack einnähen und diesen ins Kopfkissen integrieren.

Anwendung und Wirkungsweise

Schlafen Sie drei Monate hintereinander jede Nacht auf dem Kissen. Das Kissen kühlt das Herz, beruhigt den Geist, belebt den Blutkreislauf und macht die Energieleitbahnen durchlässig.

Gut zu wissen

Vorsicht bei Epilepsie

Bei diesem Kräuterkissen gibt es eine der seltenen Gegenanzeigen: Für Epileptiker ist dieses Rezept nicht angeraten.

Beschwerden mit der Halswirbelsäule

Dieses Kräuterkissen lindert Beschwerden der Halswirbelsäule bis hin zu Zerrungen im Nackenbereich mit Symptomen wie Spannungen und Schmerzen im Nacken, die in die Schultern ausstrahlen, Steifheit, Taubheitsgefühl und Schmerzen in Schultern und Armen. Durch die Fülle der Zutaten ist es etwas aufwändig in der Herstellung, aber die Mühe lohnt sich.

Weihrauch wird seit Urzeiten nicht nur als Räucherwerk bei kultischen Ritualen, sondern auch für Heilzwecke genutzt. Das kostbare Harz wird heute hauptsächlich von Wildbäumen in Indien und Somalia gewonnen.

Zutaten

- 100 g Weihrauch
- 100 g Myrrhe (Commiphora myrrha)
- 150 g chin. Engelswurz (Angelica sinensis)
- 150 g Färberdistel (Carthamus tinctorius)
- 150 g Wurzel der milchigen Pfingstrose (Paeonia lactiflora)
- 150 g chin. Mutterwurz (Ligusticum wallichii)
- 150 g Ligusticum sinense
- 150 g Zimtstange (Ramulus Cinnamomi aromatici)
- 150 g Haselwurz (Asarum sieboldii)
- 150 g Radieschensamen
- 150 g Wurzel der chin. Klematis (Clematis chinensis)
- 150 g geröstete Wurzel des gezüchteten Eisenhuts (Aconitum carmichaelii)
- 150 g geröstete Streifen der Eisenhutknolle (Aconitum carmichaelii)
- 150 g Binsengras (Juncus effusus)
- 150 g Acorus gramineus (eine Kalmus-Art)
- 150 g Drachenblutpalme (Daemonorops draco)
- 150 g Salbei
- 10 g Kampfer

1. Bis auf den Kampfer alle Zutaten trocken rösten und grob zerkrümeln.
2. Mischen und den Kampfer zugeben. Alles in eine doppelte Mulllage einnähen und ins Kopfkissen integrieren.

Anwendung und Wirkungsweise

Schlafen Sie jede Nacht auf dem Kissen und beachten Sie, dass der Kisseninhalt nach drei Monaten erneuert werden sollte. Das Kissen lockert die Sehnen, stärkt die Knochen, belebt den Blutkreislauf und macht die Energieleitbahnen frei.

Nackentrauma

Wohl tuend wirkt dieses Kräuterkissen bei Verrenkungen im Nackenbereich und bei lokalem Schmerz, der in die Schultern ausstrahlt und sich beim Drehen des Kopfes verstärkt.

Zutaten

- 1 kg Wurzel der chin. Klematis
- 500 g chin. Mutterwurz (Ligusticum wallichii)
- 500 g Engelswurz (Angelica dahurica)
- 50 g Wurzel des wilden Eisenhuts (Aconitum carmichaelii)
- 50 g Wurzel des gezüchteten Eisenhuts (Aconitum carmichaelii)

1. Alle Zutaten trocken rösten und grob zerkrümeln.
2. Mischen und in eine doppelte Mulllage einnähen. Das Säckchen ins Kopfkissen integrieren.

Anwendung und Wirkungsweise

Schlafen Sie jede Nacht auf dem Kissen und achten Sie darauf, dass die schmerzende Stelle damit in Berührung kommt. Das Kissen lockert die Sehnen, lindert Schmerzen, belebt den Blutkreislauf und macht die Energieleitbahnen frei.

Schultergelenksentzündung

Macht sich eine Schultergelenksentzündung bemerkbar, etwa durch Spannungsschmerz in der Schulter, eingeschränkte Beweglichkeit oder deutlichen, lokalen Druckschmerz, kann dieses Kissen helfen.

Zutaten

- 200 g Zimtstangen
- 200 g Zweige des Maulbeerbaums
- 200 g chin. Mutterwurz (Ligusticum wallichii)
- 200 g Haselwurz
- 200 g Salbei
- 200 g Weihrauch
- 200 g Färberdistel (Carthamus tinctorius)
- 200 g Myrrhe (Commiphora myrrha)
- 200 g geröstete Scheiben der Eisenhutknolle (Aconitum carmichaelii)

Myrrhe war ebenfalls eine schon im Altertum zu kultischen und Heilzwecken verwendete Zutat. Nach der Bibel war Myrrhe eines der Geschenke der drei Weisen aus dem Morgenland an das Jesuskind.

1. Alle Zutaten trocken rösten und grob zerkrümeln.
2. Mischen und in einen Mullsack einnähen. Das Säckchen auf der Oberseite des Kopfkissens anbringen.

Anwendung und Wirkungsweise

Schlafen Sie jede Nacht mit der schmerzenden Stelle auf dem Kissen. Das Kissen lockert die Sehnen, lindert die Schmerzen, belebt den Blutkreislauf und macht die Energieleitbahnen frei.

Nackenschmerzen durch falsche Schlafposition

Beschwerden im Nackenbereich, die durch falsches Liegen in der Nacht entstehen, können mit diesem Kräuterkissen behoben werden.

Die Gartenbalsamine ist das allseits bekannte »Fleißige Lieschen«, das bei uns Balkone, Terrassen und auch Fensterbänke schmückt und seinen volkstümlichen Namen durch den unermüdlichen Blütenreichtum verdient hat.

Zutaten

- 200 g Salbei
- 200 g chin. Mutterwurz (Ligusticum wallichii)
- 200 g Wurzel der Angelica pubescens
- 200 g Corydalis yanhusuo
- 200 g Samen der Gartenbalsamie (Impatiens balsamina)
- 200 g Rosenblüten

1. Alle Zutaten trocken rösten und grob zerkrümeln.
2. Mischen und in einen Mullsack einnähen. Das Säckchen ins Kopfkissen integrieren.

Anwendung und Wirkungsweise

Schlafen Sie jede Nacht auf dem Kissen. Das Kissen lindert Schmerzen, belebt den Blutkreislauf und macht die Energieleitbahnen durchlässig.

Expertentipp

Mit Rosen heilen

Bei Schwellungen helfen übrigens zwei bis drei Gramm Pulver aus getrockneten Rosenblüten, innerlich eingenommen mit Wein. Getrocknete Rosenblüten gibt es in der Apotheke.

Unterstützende Therapie nach dem Schlaganfall

Nach einem Schlaganfall hat sich oft das ganze Leben verändert. Lähmungserscheinungen, Sprach- und Sehstörungen können auftreten. Das ist nicht nur tragisch für den Betroffenen, auch der Partner oder andere Familienangehörige leiden darunter. Eine intensive Pflege ist meist vonnöten, einschließlich einem längeren Aufenthalt in einer Reha-Klinik. Gerne möchten Außenstehende helfen, aber wie? Empfehlen Sie doch ein wohltuendes Kräuterkissen.

Innere Unruhe und Schwindelgefühl

Dieses heilende Kissen wird empfohlen nach kleineren Schlaganfällen, sofern der Betroffene Beklommenheit und innere Unruhe empfindet, Schwindelgefühle und Kraftlosigkeit, Nervosität (besonders am Nachmittag), Taubheitsgefühl in einer Körperhälfte, Artikulationsprobleme, Zittern in den Händen, verminderte Reaktionsfähigkeit.

Natürlich kann ein Kräuterkissen keinen Schlaganfall »heilen«. Es kann aber Erleichterung verschaffen bei den zahlreichen Beschwerden, die diese Erkrankung begleiten können.

Zutaten

- 500 g Magnetit
- 500 g Hämatit
- 300 g Wurzel des chin. Fingerhuts (Rehmannia glutinosa)
- 200 g Früchte des Spaltkölbchens (Schisandra chinensis)
- 200 g getrocknete Maulbeeren
- 150 g Wurzel der milchigen Pfingstrose (Paeonia lactiflora)
- 150 g Siegesbeckia orientalis
- 10 g Kampfer

1. Zunächst Magnetit und Hämatit auf Graupengröße zerschlagen.
2. Anschließend die übrigen Zutaten, bis auf den Kampfer, trocken rösten und grob zerkrümeln.
3. Den Kampfer untermischen und alle Zutaten in einen Mullsack einnähen. Dieser wird in das Kopfkissen integriert.

Anwendung und Wirkungsweise

Schlafen Sie jede Nacht auf dem Kissen und achten Sie darauf, den Inhalt nach drei bis vier Monaten zu erneuern. Das Kissen löst Blockaden und belebt die Energieleitbahnen.

Schwäche und Kraftlosigkeit

Ein stärkendes Kissen nach kleineren Schlaganfällen, wenn sich der Betroffene schwach und kraftlos fühlt, über innere Unruhe klagt, Schwindel, Kurzatmigkeit, Atemnot, Taubheitsgefühl auf einer Körperseite als zusätzliche Beschwerden auftreten und es ihm gelegentlich schwarz vor den Augen wird.

Zutaten

- 250 g Ginsengblätter
- 200 g Astralagus mongolicus (eine Tragant-Art)
- 200 g Poria coccos (Kokospilz)
- 200 g Polygonatum sibiricum (eine Weißwurz-Art)
- 200 g Salbei

1. Alle Zutaten trocken rösten und zerkleinern.
2. Mischen und in einen Mullsack einnähen. Diesen in das Kopfkissen integrieren.

Anwendung und Wirkungsweise

Schlafen Sie jede Nacht auf dem Kissen und achten Sie darauf, den Inhalt alle vier bis fünf Monate zu erneuern. Zwischendurch das Kissen ab und zu aufschütteln und lüften, damit die Kräuter nicht feucht und muffig werden. Das Kissen nährt das Blut, löst Stauungen und macht die Energieleitbahnen durchlässig.

Der lateinische Name des Salbeis »salvia« (von salvere: retten, bewahren) spiegelt den medizinischen Wert der Pflanze wider.

Kopfschmerzen und Taubheitsgefühl

Das Kissen wird nach kleineren Schlaganfällen verabreicht, wenn der Betroffene über Kopfschmerzen klagt, Taubheitsgefühl in einer Körperseite, Zittern in den Fingern und halbseitige Lähmungserscheinungen vorkommen, wenn es ihm gelegentlich schwarz vor den Augen wird und er das Gefühl hat, sein Kopf sei umwickelt.

Zutaten

- 500 g Magnetit
- 250 g Alaun
- 150 g Salbei
- 1 kg Samen der Cassia tora
- 150 Inula helenium (eine Alant-Art)
- 150 g Chrysanthemenblüte

1. Magnetit und Alaun in graupengroße Stücke zerklopfen.
2. Die anderen Zutaten trocken rösten, zerkrümeln und alles mischen.
3. Dann in einen Mullsack einnähen und in das Kopfkissen integrieren.

Anwendung und Wirkungsweise

Schlafen Sie jede Nacht auf dem Kissen. Der Inhalt sollte nach vier bis fünf Monaten erneuert werden. Das Kissen löst Blockaden auf und macht die Energieleitbahnen durchlässig.

Sprechblockaden und Schwindelgefühl

Kommt es nach einem Schlaganfall zu halbseitiger Lähmung, verzerrtem Gesicht, steifer Zunge, Sprechblockaden, Schwindelgefühl und Ohrensausen, Schlaflosigkeit und innere Unruhe, Hitze an Handflächen und Fußsohlen sowie Abmagerung, kann dieses Kräuterkissen zur Unterstützung der Therapie eingesetzt werden.

Zutaten

- 500 g Magnetit
- 500 g Hämatit
- 300 g getrocknete Wurzel des chin. Fingerhuts (Rehmannia glutinosa)
- 200 g getrocknete Maulbeeren
- 200 g Frucht des Spaltkölbchens (Schisandra chinensis)
- 150 g Wurzel der milchigen Pfingstrose (Paeonia lactiflora)
- 150 g Siegesbeckia orientalis
- 10 g Kampfer

Hämatit trägt die deutsche Bezeichnung Eisenglanz und ist ein sehr wichtiges und häufig vorkommendes Eisenerz. Es ist von grauer bis schwarzer Farbe.

1. Magnetit und Hämatit in graupengroße Stücke zerklopfen.
2. Bis auf den Kampfer alle übrigen Zutaten trocken rösten und zerkrümeln.
3. Alles mischen, in einen Mullsack einnähen und in das Kopfkissen integrieren.

Anwendung und Wirkungsweise

Schlafen Sie jede Nacht auf dem Kissen. Wichtig für die unverminderte Wirkung: Erneuern Sie den Inhalt alle drei bis vier Monate. Das Kissen öffnet die Fenster des Körpers.

Halbseitige Lähmung und Gesichtsverzerrung

Dieses Kräuterkissen verschafft Erleichterung nach einem Schlaganfall, der mit halbseitiger Lähmung und Gesichtsverzerrung verbunden ist. Weitere Symptome, bei denen dieses Kissen lindernd wirkt, sind Sprechblockaden, unkontrollierter Speichelfluss, Herzflattern, angeschwollene Arme und Beine, Schweißausbrüche und formloser Stuhl.

Zutaten

- 500 g Astragalus mongolicus
- 200 g Pollen des Rohrkolbens
- 150 g Windglocke (Radix Codonopsis pilosulae)

Sich im Wind wiegende Rohrkolben findet man an den Rändern vieler Gewässer. Wenig bekannt ist, dass die Samenstände auch für Heilzwecke genutzt werden können.

1. Alle Zutaten trocken rösten und grob zerkrümeln.
2. Mischen und in einen Mullsack einnähen. Diesen ins Kopfkissen integrieren.

Anwendung und Wirkungsweise

Schlafen Sie jede Nacht auf dem Kissen und achten Sie darauf, den Inhalt nach vier bis fünf Monaten zu erneuern. Das Kissen belebt den Blutkreislauf und löst Stagnationen.

Kissen zur Kreislaufbelebung

Eine Kreislauf belebende Wirkung zeigt dieses Kissen nach einem Schlaganfall mit halbseitiger Lähmung, Gesichtsverzerrung, steifer Zunge und Sprechblockaden sowie straffem, hartem Puls.

Nach einem Schlaganfall braucht der Patient vor allem liebevolle Zuwendung und intensive Betreuung durch die Familie, um nicht angesichts der meist nachfolgenden Lähmungen zu resignieren. Viele Blockaden bilden sich nach und nach zurück.

Zutaten

- 500 g Magnolienblüte
- 500 g Chrysanthemenblüten aus Hangzhou
- 500 g indische Chrysanthemenblüten
- 500 g Blätter der Wintermaulbeere
- 200 g Minze
- 100 g Färberdistel
- 50 g Kampfer

1. Alle Kräuter trocken rösten und grob zerkrümeln.
2. Den Kampfer untermischen und alle Zutaten in einen Mullsack einnähen. Dieser wird in das Kopfkissen integriert.

Anwendung und Wirkungsweise

Schlafen Sie jede Nacht auf diesem Kissen. Drei Monate bilden dabei eine Behandlungsphase. Das Kissen belebt den Blutkreislauf und löst Stagnationen.

Gut zu wissen

Mögliche Begleiterscheinungen

Sollte es während der Behandlung zu verstärktem Auswurf kommen, spucken Sie den Schleim unbedingt aus – niemals schlucken.

Wenn Kleinkinder von Bauchweh, Angstträumen oder anderem unergründlichem Unwohlsein geplagt werden, sind die Eltern oft ratlos. Medikamente möchte man nicht gerne geben, zumal man ja auch nicht immer genau weiß, woher welches »Wehwehchen« kommt. Ein beruhigendes, krampflösendes Kräuterkissen hat schon so manchem Kind eine ruhige Nacht ohne Schreien und Weinen beschert.

Kräuterkissen

für Kinder

Schlafe, mein Prinzchen...

Ein leidiges Thema für viele Eltern – das Zubettgehen. Die Schlafenszeit ist längst gekommen, aber alle Augenblicke steht der kleine Quälgeist wieder in der Tür, hat Durst, muss noch mal zur Toilette, fürchtet sich vor etwas und, und, und... Natürlich gibt es manchmal ernst zu nehmende Gründe wie eine Erkrankung oder seelische Probleme, warum ein Kind nicht einschlafen kann. Weitaus häufiger fällt es ihm aber einfach schwer, nach aufregendem Spiel und einem Tag voll Aktivität zur Ruhe zu kommen. Ein festes Einschlafritual und sanft beruhigende Aromen aus chinesischen Kräuterkissen können den Übergang zur Nachtruhe erleichtern.

Die Zubereitung von Kinderkissen

Alle für Kinder eingesetzten Kräuterkissen enthalten bewährte, rein pflanzliche Zutaten, die Sie nicht nur im Fachhandel für chinesische Heilmittel, sondern auch in Apotheken und gut sortierten Kräuterläden bekommen. Sie werden in getrockneter Form gekauft und müssen nicht mehr geröstet werden. Für die Anwendung gilt für alle Rezepte: Lassen Sie das Kind über mehrere Wochen auf dem Kräuterkissen schlafen bzw. so lange die Beschwerden bestehen. Bei allergischen Symptomen sollten Sie allerdings die Behandlung sofort absetzen.

Das Sandmann-Kissen

Die Mischung aus Kräutern, Beeren und Wurzeln hat sanft beruhigende Wirkung und hilft bei Einschlafstörungen oder häufigem Erwachen durch innere Unruhe.

Zutaten

- 9 g Süßholz (Glycyrrhiza)
- 9 g Baldrian (Valeriana officinalis)
- 6 g Magnolienblätter
- 6 g Maulbeeren
- 6 g Fliederblätter
- 4 g Salbei

1. Die Zutaten grob zerkleinern und gut mischen.
2. In ein Mullsäckchen einnähen und ins Kopfkissen packen.

Süßholz wird seit langem in der Volksmedizin verwendet und ist als hustenlösendes und magenberuhigendes Mittel bekannt. Verwendet wird der Wurzelstock, der von Kindern auch wegen seines süßen Lakritzgeschmacks geschätzt wird.

Das Süße-Träume-Kissen

Dieses Kissen verströmt den blumig-frischen Duft von Lavendelblüten. Es hat einen harmonisierenden und beruhigenden Effekt und verstärkt das Gefühl von Geborgenheit.

Zutaten

- 6 g Chrysanthemenblüten
- 6 g Lavendel (Lavandula angustifolia)
- 6 g Salbei
- 9 g Hopfenblätter
- 9 g Baldrian (Valeriana officinalis)

1. Die getrockneten Kräuter grob zerkleinern und gut vermischen.
2. In ein Mullsäckchen einnähen und in das Kopfkissen integrieren.

Bei Angstzuständen

Bei ängstlicher Anspannung und wiederholtem Aufschrecken aus schlimmen Träumen hilft dieses Kissen. Der frisch-zitronige Melissenduft wirkt besänftigend und entspannend.

Melisse lässt sich sehr gut im eigenen Garten anpflanzen, wo sie recht anspruchslos ist und feuchte, halbschattige Stellen mag. Sie eignet sich für erfrischende Tees und zur Verfeinerung von Süßspeisen.

Zutaten

- 12 g Zimtbaumstangen
- 9 g Jujuba-Datteln, klein gehackt
- 9 g Ginsengwurzel
- 9 g Zitronenmelisse

1. Alle Zutaten grob zerkleinern und gut miteinander vermischen.
2. In ein Mullsäckchen einnähen und in das Kopfkissen integrieren.

Gut zu wissen

Mild und beruhigend

Baldrian und Hopfen sind auch in der westlichen Heilkunde seit langem gegen Schlafstörungen bewährt. Im Kräuterkissen entfalten sie sehr sanft ihre Wirkung, während sie in Teemischungen bitter schmecken und für Kinder nicht geeignet sind.

Gegen Alpträume

Traumatische Erlebnisse oder seelischer Kummer verursachen bekanntermaßen leicht Alpträume bei Kindern. Wenn sie ohne erkennbare Ursache gehäuft auftreten, kündigen sie oft bei kleinen Kindern auch nur einen Entwicklungsschub an – Körper und Seele sind nicht im Gleichgewicht, wenn auch aus an sich positivem Grund.

Zutaten

- 6 g Magnolienblüten
- 9 g Salbei (Salvia officinalis)
- 9 g Wermutkraut
- 9 g Fliederblätter

1. Die getrockneten Kräuter grob zerkleinern und gut miteinander vermischen.
2. In ein Mullsäckchen einnähen und in das Kopfkissen integrieren.

Ein Kissen mit pfiffiger Form macht Kindern Spaß und wird ein lieber Begleiter beim Zubettgehen.

Für rosige Träume

Dieses Kissen schmeichelt kleinen Nasen, ohne aufdringlich zu duften. Die Mandarinenschale gibt eine fruchtig-frische Note.

Zutaten

- 6 g Rosenblüten
- 6 g Chrysanthemenblüten
- 9 g Jujuba-Datteln
- 12 g Mandarinenschale

1. Alle Zutaten grob zerkleinern und gut miteinander vermischen.
2. In ein Mullsäckchen einnähen und in das Kopfkissen integrieren.

Expertentipp

Das Schmusekissen

Für Kinder muss das Kräuterkissen nicht immer ein schlichtes Mullsäckchen sein. Ebenso leicht kann man aus einem fröhlich gemusterten Baumwollstoff eine einfache Tierform, wie einen Bären oder ein Entlein, doppelt zuschneiden. Die Teile werden ringsum bis auf eine kleine Öffnung zusammengenäht und mit den Kräutern gefüllt, bevor man sie völlig verschließt.

Bauchschmerzen und Erkältungen

Bauchweh gehört zu den häufigsten Plagen im Kindesalter. Es fängt an mit den schmerzhaften Blähungen von Säuglingen und setzt sich fort mit Bauchgrimmen nach zu viel Eiscreme, Steinobst in Verbindung mit kalten Getränken, schwerem Essen und, und, und... Das Verdauungssystem von Kindern ist eben noch besonders empfindlich. Wenn keine schwer wiegende Ursache wie eine Blinddarmentzündung dahinter steckt, lindern Kräuterkissen den Schmerz.

Die vier Zutaten des nebenstehenden Rezepts sind alle bewährt bei Verdauungsbeschwerden. Mit Ausnahme von Süßholz haben sie einen Nachteil: Innerlich z. B. als Tee eingenommen, sind sie für Kinder ungenießbar. Im Kräuterkissen entfällt dieses Problem.

Wenn das Bäuchlein drückt

Bei nächtlicher Unruhe durch schmerzhafte Blähungen wirkt dieses Kissen vorbeugend und lindernd.

Zutaten

- 12 g Ginsengwurzel
- 9 g Mutterkraut
- 9 g Süßholz
- 3 g Ingwerwurzel

1. Die Zutaten trocken rösten und grob zerkleinern.
2. In ein Mullsäckchen einnähen und ins Kopfkissen integrieren.

Gegen Erkältungen

Rotznasen und Husten sind ständige Begleiter der Kindheit. Das noch nicht vollständig ausgebildete Immunsystem ist oft nicht in der Lage, die die Erkältungssymptome auslösenden Viren rechtzeitig abzuwehren. Und die Infektionserreger lauern auf Schritt und Tritt: im Kindergarten, in der Schule, bei den Freunden auf dem Spielplatz.

Zutaten

- 12 g Süßholz (Glycyrrhiza)
- 9 g Magnolienblätter
- 9 g Lavendel
- 9 g Ingwerwurzel
- 6 g Minze
- 6 g Mutterkraut

1. Alle Zutaten zerkleinern und miteinander vermischen.
2. Ein Mullsäckchen damit füllen und ins Kopfkissen packen.

Null Bock? - Kräuter aktivieren

Antriebslosigkeit und schlechte Laune sind keine Privilegien der Erwachsenen – auch Kinder schlagen sich angesichts von Schulstress oft mit Müdigkeit herum. Kräuterkissen können als sanfte Muntermacher quasi »über Nacht« helfen.

Gegen Verstimmungszustände

Dieses Kissen besänftigt und gibt frische Kraft für den neuen Tag.

Zutaten

- 12 g Baldrian
- 9 g Ginsengwurzel
- 6 g Ingwerwurzel
- 6 g Majoran
- 6 g Zitronenmelisse

1. Alle Zutaten zerkleinern und miteinander vermischen.
2. Ein Mullsäckchen damit füllen und ins Kopfkissen packen.

Erwachsene haben die eigene Kindheit in der Erinnerung oft verklärt und bringen kindlichem Missmut und Langeweile nur wenig Geduld entgegen. Ein bisschen Verwöhnung in Form eines Kräuterkissens bringt aber mehr als der mahnende Hinweis: »So gut hast du es nie wieder!«

Bei Antriebslosigkeit

Ein wirksames Kräuterkissen gegen Erschöpfungszustände.

Zutaten

- 6 g Ginkgoblätter
- 6 g Sesamsamen
- 9 g Ginsengwurzel
- 6 g Ingwerwurzel

1. Alle Zutaten zerkleinern und miteinander vermischen.
2. Ein Mullsäckchen damit füllen und ins Kopfkissen packen.

Expertentipp

Gibt neuen Drive

Ebenfalls eine bewährte Kissenmischung gegen Null-Bock-Gefühle sind 20 Gramm klein gehackte grüne Bohnen vermischt mit je 9 Gramm Johanniskraut und Ginsengwurzel.

Kleine Kräuterkunde

Bocksdorn (Lycium chinense)

Von diesem in China und Japan vorkommenden Nachtschattengewächs werden in der chinesischen Volksmedizin wie in der Traditionellen Chinesischen Medizin erstens die Wurzelschalen und zweitens die ganze frische Pflanze genutzt. Nach TCM entstehen Asthma und Husten durch einen Hitzeüberschuss in der Lunge, was auch erhöhte Körperhitze nach sich zieht. In diesen Fällen wird die Wurzelschale eingesetzt – als Trank oder als Einlage in einem Kissen. Die frische Pflanze senkt den Blutdruck ebenso wie einen erhöhten Blutzuckerspiegel.

Braunelle (Prunella vulgaris)

Die ganze Pflanze besteht aus so genannten wirksamen Teilen, jedoch nicht die Wurzeln. Vor der Verwendung wird die Braunelle an einem schattigen und durchlüfteten Ort getrocknet. Als Inhaltsstoffe finden sich Gerbstoffe, Bitterstoffe und Harze. Angewendet wird die getrocknete Braunelle innerlich wie äußerlich, sie wirkt wundheilend, narbenbildend und adstringierend. Man verwendet sie zum Beispiel bei Angina.

Echter Alant (Inula helenium)

Von der seit alters bekannten Heilpflanze wird der Wurzelstock u.a. wegen seiner krampflösenden, Husten lindernden, sedativen und tonischen Eigenschaften verwendet. Zu seinen Inhaltsstoffen gehören Harze, Inulin und Pektin. Angewendet wird der Alant innerlich zum Beispiel bei Bronchitis, Husten oder Magenproblemen.

Engelwurz (Angelica pubescens)

In den Provinzen Sichuan und Hubei wachsen nach chinesischer Volksweisheit die wirkungsvollsten Vertreter dieser Pflanzenart. Ihre getrockneten Wurzeln werden klein gehackt und einer Kopfkissenmischung beigegeben, wenn Schmerzen und Steifheit in Kreuz und Knien auftreten, bei allen arthritischen Erkrankungen und bei Rheumatismus. Auch ein Dekokt (Abkochung) aus 4 bis 10 Gramm dieser Wurzel ist ein hilfreiches Naturmittel.

Enzianwurzel (Gentiana scabra)

Der Charakter dieser Wurzel, aus deren Verwandten in den europäischen Alpen gern ein Schnaps gebrannt wird, ist nach TCM bitter und kalt. Sie wirkt Fieber senkend, austrocknend, kühlend, die Verdauung fördernd und den Magen kräftigend. Getrocknet und zerhackt wird sie in China in Kissenfüllungen ebenso verwendet wie als gekochter Trank, den man vor der Mahlzeit einnimmt. Nach dem Essen eingenommen, würde dieser Trank die Produktion von Magensaft verringern und so die Verdauung behindern.

Esche (Fraxinus bungeana)

Von der in Nordchina vorkommenden Esche, chinesisch »Qin Pi«, wird die Fieber senkende, austrocknende und die Sehkraft fördernde Rinde verwendet. Bei geschwollenen, geröteten und schmerzenden Augen gibt man die getrocknete und gehackte Rinde ins Kopfkissen. Einen Aufguss aus rund acht Gramm der Rinde verwendet man als entzündungshemmende Augenspülung.

Färberdistel (Carthamus tinctorius)

Die Blätter, Blüten (Juli bis September) und die Samen (Oktober) gelten als wirksame Teile der Färberdistel. Zu ihren Inhaltsstoffen zählen Eiweiß, Kohlenhydrate, Zellulose und Vitamin C. Die Teile der Färberdistel werden in der Regel innerlich bei Darmproblemen angewendet und wirken stark abführend.

Ginseng (Panax ginseng)

Ren Shen, so der chinesische Name des Ginseng, heißt übersetzt »Menschenwurzel«, weil die Wurzel dieser Pflanze der Form des Menschen ähnlich sieht. Ihre Wirkstoffe verbessern ganz drastisch die körpereigene Energie, stärken die geistige Verfassung und das Gehirn. Ferner wirkt Ginseng nachgewiesenermaßen als sexuelles Stimulans, stärkt das Herz, erleichtert die Atmung, verbessert die Blutzuckerwerte, harmonisiert den Blutdruck und reduziert schädliche Blutfette (Cholesterin). Selbst eine kleine Dosis regt das Reflexzentrum im Rückenmark an. Die beste Sorte

Service Kleine Kräuterkunde

ist der seltene, wilde Berg-Ginseng, der in den unzugänglichen Bergen der nordwestchinesischen Provinz Jilin wächst. Ein hoch wirksames, aber teures Tonikum aus diesem Ginseng, versetzt mit dem Futtersaft der Bienenkönigin, ist in Europa erhältlich.

Hiobsträne (Coix lacryma-jobi)

In der Heilkunde wird ausschließlich der Samen der Pflanze aus der Familie der Süßgräser verwendet. Er wirkt entwässernd und harntreibend, kühlt die Lunge und wirkt gegen Verdauungsstörungen. Die Pflanze, ein in China übliches Nahrungsmittel, hat einen Proteingehalt von 17 Prozent. Ein aus dem Samen gebrannter Schnaps gilt in China als sehr wirksam gegen rheumatische Beschwerden.

Ingwer (Zingiber officinale)

Als Heilmittel wird ausschließlich der getrocknete Wurzelstock eingesetzt, der aus Kulturen stammt. Die Pflanze gibt ein wärmendes Gefühl, löst Schleim, fördert den Appetit und wirkt gegen Erbrechen und Übelkeit. Ingwer hilft bei Magenbeschwerden und kann auch gegen Reisekrankheit verwendet werden. Die frische Wurzel wird als Erkältungsmittel eingesetzt.

Katzenminze (Nepeta cataria)

Verwendung findet die im Sommer geerntete ganze Pflanze, die unter anderem schmerzstillende, die Wundheilung fördernde und krampflösende Eigenschaften besitzt. Angewendet wird die Katzenminze innerlich und äußerlich, zum Beispiel bei Nervosität, Schlafproblemen oder Husten. Wie der Name schon sagt, ist diese Pflanze bei Katzen sehr beliebt, die gerne von den zarten Blättchen naschen.

Magnolie (Magnolia officinalis)

Von dieser in Zentralchina vorkommenden Magnolienart wird die Rinde gesammelt und verwendet. Sie wirkt austrocknend, die Verdauung fördernd und den Brechreiz hemmend. Sehr wirkungsvoll ist »Hou Pou«, so die chinesische Bezeichnung, bei Druck und Völlegefühl im Bauchbereich.

Päonie, Pfingstrose (Paeonia lactiflora)

Als wirksamer Teil wird ausschließlich die Wurzel der Pfingstrose verwendet. Aufgrund ihrer Inhaltsstoffe (u.a. ein Glykosid und ein Alkaloid) verfügt die Pflanze über gefäßverengende und krampflösende Eigenschaften. Innerlich und äußerlich angewendet, hilft die Pfingstrosenwurzel zum Beispiel bei Krämpfen, Hämorrhoiden, Husten oder Herzklopfen.

Schnurbaum (Sophora flavescens)

Lediglich die Wurzeln dieser in ganz China vorkommenden Pflanze mit dem bitteren und kalten Charakter werden getrocknet und gehackt in einer Kisseneinlage verwendet. Ein ausgezeichnetes Mittel gegen Wundsein, Juckreiz und andere, auch allergische Hauterkrankungen. Ein Trank aus den Wurzeln wirkt Fieber senkend und entwurmend.

Süße Wermutpflanze (Artemisia annua)

Die Stängel und Blätter der in Südwestchina und Vietnam heimischen Pflanze sind als Zutat für eine Kissenmischung geeignet bei Sommererkältungen, nächtlichen Schweißausbrüchen und allgemeinem Hitzeüberschuss. Getrocknet finden die Stängel und Blätter des Wermuts auch Verwendung in traditionellen medizinischen Abkochungen bei Malariaerkrankungen.

Zimtstange (Ramulus Cinnamomi aromatici)

Die uns bekannte Zimtstange besteht aus der Rinde des Zimtbaums. Zimt gilt nicht nur als köstliches Gewürz, er zeichnet sich auch durch seine gesundheitsfördernden Eigenschaften aus. So wirkt er innerlich angewendet beispielsweise Magen stärkend, adstringierend, harntreibend und antimikrobiell. Zimt hilft bei Appetitlosigkeit, indem er die Sekretion des Magensaftes anregt, fördert die Menstruation und kann gegen Husten und Katarh eingesetzt werden.

Service Wichtige Adressen

Kräuterkissen der chinesischen Kaiser zum Bestellen

Das Unternehmen Apia (Apis = lat. Biene) wurde vor 42 Jahren im südlichen Schwarzwald gegründet. Seit dieser Zeit spe-

APIA

ZURÜCK ZUM URSPRÜNGLICHEN

zialisiert auf Naturprodukte für die Gesundheit, wurde die Firma in jüngster Zeit in die Niederlande verlegt, nachdem man ein ehrgeiziges Programm mit den besten Gesundheitsprodukten aus aller Welt auflegte und in Holland näher am Tor zur Welt ist. Apia hat einen Vertrag mit einem traditionellen, hoch renommierten chinesischen TCM-Hersteller in Kunming geschlossen, der sich zu Anfang des 20. Jahrhunderts die alten Rezepte vom Leibarzt des letzten Kaisers sichern konnte (siehe Seite 8/9). Das chinesische Unternehmen ist der einzige Hersteller im Reich der Mitte, der über die Original Kaiserrezepte verfügt.

In Europa erhältlich

- Kaiserliche Kopfkisseneinlagen zum »Schlank und schön werden im Schlaf«
- Kaiserliche Kopfkisseneinlagen zur Stressbekämpfung
- Kaiserliche Kopfkisseneinlagen zur Stärkung der Potenz und Libido
- Kaiserliche Kopfkisseneinlagen zur Vertiefung des Schlafes

Importiert und vertrieben werden diese exklusiven Kisseneinlagen von

Apia international B.V.
Jupiterstraat 1-3
2132 Hoofdorp
Niederlande

Beratung und Bestellungen in Deutschland:

Apia international B.V.
Info Service
D–31827 Springe
Tel. 0 18 05/51 05 55
Fax 0 18 05/04 85 04
Internet: www.apia.nl

Bezugsquellen für chinesische Heilkräuter

Grundsätzlich gilt: Wenn Sie chinesische Kräuter kaufen wollen, fragen Sie erst einmal in Ihrer Apotheke nach. Wenn die Kräuter nicht vorrätig sind (was leider der Fall sein kann), so vermag Ihr Apotheker Ihnen über seine Quellen in den meisten Fällen zu helfen. Er bezieht dann diese Kräuter von einigen wenigen spezialisierten Apotheken, die Erfahrungen im China-Import haben und meist ein recht großes Angebot an seltenen China-Kräutern auf Lager haben.

Eine kompetente Beratung über alle China betreffenden Produkte erhalten Sie bei der seit 1980 mit China tätigen Firma Armitron Handels-GmbH & Co. KG im oberbayerischen Tutzing, am Starnberger See, die selbst hochwertige China-Tees vertreibt und für europäische Produzenten von Gesundheitsprodukten reine, unverfälschte und unbelastete Bio-Rohstoffe aus dem »Garten der Kaiser« in der Provinz Yunnan zur Weiterverarbeitung in Europa importiert.

Armitron Handels-GmbH & Co. KG
Hauptstraße 23
D-82327 Tutzing
Tel. 0 81 58/60 14
Fax 0 81 58/62 37
Über das Internet:
www.armitron.de
E-Mail: info@armitron.de

ECI GmbH
Exclusive China Importe
Hauptstraße 11
CH-4132 Muttenz 1
Tel. (+41)0 61/4 61 97 97
Fax 4 61 97 95
(Spezialist für wilden Berg-Ginseng)

Leonardo-Apotheke
Mittelweg 30
D-20148 Hamburg
Tel. 0 40/45 65 09

Leopold-Apotheke
Ainmillerstr. 1
D-80801 München
Tel. 0 89/39 64 97

Zinnoberfluss-Kräuterdienst für chinesische Heilkräuter
Tel. 0 40/45 03 93 44
Über das Internet:
www.zinnoberfluss.de

Service Qualitätssicherung

Chinesische Kräuter in den europäischen Massenmedien

Zu Beginn des Jahres 2000 gingen kleine Meldungen und große Berichte durch die Zeitungen und Zeitschriften Europas, die von »30 Toten durch China-Kräuter in Belgien« berichteten. Nierenversagen sei die Folge der Einnahme chinesischer »Wunderkräuter« gewesen. Selbst seriöse Blätter nahmen dieses Thema auf.

Wie sich nur wenig später herausstellte, entbehrte die Geschichte jeder Grundlage: Durch ein Missverständnis bzw. den Übersetzungsfehler eines britischen Arztes, der den Vortrag eines ausländischen Kollegen bei einem Kongress in Belgien völlig falsch interpretiert hatte, fand die »Nachricht« den Weg in die Redaktionen, und nur wenige angesehene Blätter – so die Süddeutsche Zeitung in München – berichtigten die Falschmeldung.

Es sei an dieser Stelle jedoch auf ein Problem hingewiesen, das beim Thema China immer wieder auftritt: Durch den Boom, den die Traditionelle Chinesische Medizin derzeit in Europa und Amerika erlebt, sind auch viele unseriöse Geschäftemacher auf den Plan getreten und bieten unter wildesten Versprechungen für teures Geld oft völlig unnütze und – im schlimmsten Fall – auch schädliche Produkte an: in China nicht staatlich überprüfte Tees zum Beispiel, auf dem Schwarzen Markt zusammengekaufte Kräutermischungen, denen sie sagenhafte Wirkungen nachsagen.

Überprüfte und staatlich kontrollierte chinesische Produkte sind in aller Regel hervorragend. Kräuterdekokte allerdings sollten nur von einem Arzt für TCM verordnet werden, denn sie können heftige Nebenwirkungen haben, wenn sie unsachgemäß angewandt werden.

Kaufen Sie Kräuter nur in angesehenen Fachgeschäften oder in der Apotheke.

Register

Impressum

Der Autor
Li Wu Yan ist chinesischer Arzt und praktiziert in Boston (USA).

Die Deutsche Bibliothek – CIP-Einheitsaufnahme
Ein Titeldatensatz für diese Publikation ist bei Der Deutschen Bibliothek erhältlich.

Wichtiger Hinweis
Die im Buch veröffentlichten Ratschläge wurden mit größter Sorgfalt von Verfasser und Verlag erarbeitet und geprüft. Eine Garantie kann jedoch nicht übernommen werden. Ebenso ist eine Haftung des Verfassers bzw. des Verlages und seiner Beauftragten für Personen-, Sach- oder Vermögensschäden ausgeschlossen.

Bildnachweis
Umschlagfoto: Mauritius/Rosenfeld
Fotos: Bavaria/FPG S.16; Benediktus Kräuterlabor S. 53; Bildarchiv Preußischer Kulturbesitz S. 23; gettyone Stone/Chris Craymer S. 2; Mauritius/J.Silverberg S. 4/ Pigneter S. 8/Fichtl S. 19/ AGE S. 26/Cotton S. 50; Reinhard-Tierfoto S. 30, 32, 39, 46, 48

Impressum
Midena Verlag, München

Projektleitung: Franz Leipold
Redaktion: Annette Nolden-Thommen, München; Dr. Marion Ónodi, Planegg
Herstellung: Gabriele Schnitzlein
Bildredaktion: Sylvie Busche
Umschlagkonzeption: Hovedkvarteret, Kopenhagen
Gesamtlayout: Hovedkvarteret, Kopenhagen, H3A GmbH und Hubert Mediendesign, München
Satz: H3A GmbH, München
Reproduktion: Fotolito, Longo
Printed in Italy

ISBN 3-310-00676-X

Gedruckt auf elementar chlorfrei gebleichtem Papier